Georg Schwikart

Herr, segne die Väter dieses Kindes

Heiteres und Kurioses aus der Welt der Religionen

Herr, segne die Väter dieses Kindes Heiteres und Kurioses aus der Welt der Religionen

Von Georg Schwikart

echter

Bibliografische Information der Deutschen Bibliothek

Die Deutsche Bibliothek verzeichnet diese Publikation in der Deutschen Nationalbibliografie; detaillierte bibliografische Daten sind im Internet über <http://dnb.ddb.de> abrufbar.

www.echter-verlag.de
Umschlag: Peter Hellmund (Foto: Gettyone Images)
Druck und Bindung: Friedrich Pustet GmbH & Co. KG, Regensburg
ISBN 3-429-02511-7

Inhalt

Darf ich mal lachen?

18. Juli 2002, eine Notiz in der Tageszeitung: In Mailand beobachtete der Küster einer Kirche über Wochen hinweg ein Pärchen, das täglich mittags ins Gotteshaus kam und eine Stunde vor der Muttergottes verharrte. (Welch anmutiges Bild stellt sich da ein!) Durch Zufall habe er dann einmal das kleine Kabel entdeckt: die jungen Leute hätten an der Steckdose neben der Madonna ihre Handy-Akkus aufgeladen! – Nicht der geklaute Strom, sondern das Element ›Religion‹ ist es, das den Unterhaltungswert der kleinen Geschichte ausmacht. Das gelingt Religion nur selten – oder?

Seit ich angeregt wurde, mich mit diesem Thema zu befassen, habe ich Zeitungsnotizen, Anekdoten von Pfarrern und klerikale Kalauer gesammelt. In Dichtung und Literatur entdeckte ich interessante Anmerkungen; sogar auf wissenschaftliche Beiträge stieß ich. Ausgewählt, angemessen gekürzt und, wo nötig, verständlich gemacht, reiche ich hier die Früchte meiner Arbeit dar.

Fazit: Religion birgt einen überraschend großen Unterhaltungswert in Bibel und Theologie, in den Festen und Feiern, in ihren offiziellen Vertretern und Gläubigen, im Kampf der Konfessionen und schließlich bei ihrem Auftritt in den Medien. Selbst Charles Bukowski berichtet davon in seinen Jugenderinnerungen: »Auf dem Pershing Square stritten sie den ganzen Tag, ob Gott existierte oder nicht. Die meisten hatten keinen besonders guten Vortrag, doch ab und zu traf ein religiöser Fanatiker auf einen versierten Atheisten, und dann wurde es eine gute Show.«

Man muss kein Insider sein, um die kulturelle und humoristische Relevanz vieler Elemente in der Welt der Religion zu verstehen. Doch wem alles absolut fremd ist, dem bleibt auch versagt, über manches Lachhafte zu lachen – ein Witz will sofort verstanden werden: Der Papst ist von seinem ersten Saunabesuch so begeistert, dass er am nächsten Tag gleich wieder hingehen will. »Aber, Heiliger Vater, morgen ist ›gemischte Sauna‹«, klärt man ihn auf. »Das macht doch nichts«, entgegnet der Pontifex, »ich habe nichts gegen die Evangelischen ...« – Um schmunzeln zu können, muss man allerdings mindestens eine grobe Vorstellung davon haben, wer der Papst ist und was es mit »den Evangelischen« auf sich hat. Oder mit der Synagoge. Dort trifft Bamberger am Versöhnungstag seinen Feind. Er streckt ihm die Hand hin und sagt: »Ich wünsche dir alles, was du mir wünschst.« Darauf der andere: »Fängst du schon wieder an?«

Andererseits bereichern uns jene Mitmenschen durch ihre unfreiwillige Komik (freilich solche, die bitter aufstößt), die das christliche Erbe unserer Welt nicht mehr zu deuten vermögen: etwa die Jugendliche aus Bremen, die angesichts eines Kruzifixes einen Lehrer fragte, warum der Mann ein Vogelnest auf dem Kopf trage. Oder der Teenager in Cottbus, der sich das Pluszeichen auf den Kirchengebäuden nicht erklären konnte.

Kurzum, ich möchte dazu anregen, den kurzweiligen Aspekten der Religion mehr Aufmerksamkeit zu schenken, unabhängig vom weltanschaulichen Standpunkt.

Georg Schwikart

Religion unterhaltsam?

»Es gilt vom ernstesten Thema der Welt zu sprechen: vom Humor«, begann einmal Erich Kästner seine Ausführungen. Humor ist bekanntlich, wenn man trotzdem lacht: »Nachdem Gott die Welt erschaffen hatte, schuf er Mann und Frau. Um das Ganze vor dem Untergang zu bewahren, erfand er den Humor«, meinte weise der Cartoonist Guillermo Mordillo. Und einem klugen Mann gefiel jener Humor am besten, der ihn für fünf Sekunden zum Lachen und für zehn Minuten zum Nachdenken anregte. Vielleicht dieser: Als man den katholischen Priester Alfred Delp während der nationalsozialistischen Gewaltherrschaft zur Hinrichtung führte, fragte er den Gefängnisseelsorger nach den letzten Nachrichten zum Frontverlauf im Krieg. Der Pfarrer konnte nicht mit Neuigkeiten aufwarten, darauf Delp: »In einer halben Stunde weiß ich mehr als Sie!«

Jean Paul sagte, Humor sei überwundenes Leiden an dieser Welt. Das klingt schon fast theologisch. Die Vertreter dieser Zunft haben versucht, den Humor mit der ihnen eigenen Ausdruckskompliziertheit zu fassen: er sei der »Lebensvollzug säkularisierter Eschatologie«, kurz »Weltüberwindung«, wie der evangelische Pfarrer Peter Bukowski in seinem lesenswerten Buch »Humor in der Seelsorge« seine Kollegen Rudolf Bohren und Helmut Thielecke zitiert. Humor sei ein Charisma, eine Geistesgabe. Und solche werden geschenkt, man kann sie nicht verdienen und kaum erwerben.

Montesquieu nannte den gravitätischen Ernst den Schild der Dummen. Wer hat es nötig, ihn schützend vor sich her zu tragen? Die Mächtigen. Sie fürchten sich vor der subversiven Kraft des Humors. Das gilt für große und kleine Tyrannen. Bevorzugtes Ventil ist der Witz, doch schon ein gelassenes Lächeln kann sie buchstäblich lächerlich machen. Dabei ist es nicht mit Schadenfreude zu verwechseln, sondern eine Form des Selbstschutzes. Wer sich jede religiöse Verschrobenheit zu Herzen nimmt, wird erkranken.

So konnte der heilige Thomas Morus zu Recht um Humor beten: »Schenke mir eine gute Verdauung, Herr, und auch etwas zum Verdauen ...« – Als das Passagierschiff sinkt, kämpfen die Menschen ums Überleben. Ein Mann taucht aus den Fluten auf und schreit: »Gott, rette mich!« Ein anderer ruft ihm zu: »Du musst auch schwimmen!« – Diese Klugheit drückt auch ein altes arabisches Sprichwort griffig aus: »Vertraue dein Kamel der Güte Gottes an, aber binde es an einen Baum.«

Religiöse Menschen versuchen auf ihr Leben Einfluss zu nehmen. Sie sagen nicht: »Es ist nun einmal alles so, wie es ist.« Sie glauben vielmehr, dass das Dasein verändert werden kann. Religion spendet Interpretationshilfen zum Verständnis der Welt und ethische Weisungen, wie man mit ihr umgehen soll.

Ob man die Religion nun nach Maßstäben der Wahrheit beurteilt – wie die Theologie – oder nach ihrer Funktionalität – wie die Religionswissenschaft: damit allein wird man diesem komplexen Phänomen nicht gerecht. Denn Religion ist mehr als das. *Eine* ihrer noch relativ unerforschten Seiten ist die Frage ihres Unterhaltungswertes.

Was aber ist eigentlich Religion? Eine kurze Antwort auf diese schwierige Frage scheinen nur ihre Spötter fertig zu bringen: Für Robert Lembke war sie eine Versicherung im Diesseits gegen das Feuer im Jenseits; für Napoleon das, was die Armen davon abhält, die Reichen umzubringen. Und Kurt Tucholsky befand, der Mensch habe zwei Beine und zwei Überzeugungen: eine, wenn's ihm gut geht, und eine, wenn's ihm schlecht geht. Die letztere heiße Religion.

Was tun mit diesem offensichtlich schwierig zu handhabenden Phänomen? Dazu befindet der Religionssoziologe Günter Kehrer in einem polemischen Artikel:
»Von Religion soll nicht mehr die Rede sein. Zu ihr kann man sich nur noch auf vier verschiedene Weisen verhalten:
dumm – das heißt: gläubig;
polemisch – das heißt: ihr Ableben beschleunigend;
wissenschaftlich – das heißt: archivierend und analysierend;
zynisch – das heißt: sie benutzend.«
Doch werden diese Alternativen allein dem komplizierten und alten Gebilde Religion wirklich gerecht? John Cowper Powys, englischer Kulturwissenschaftler, schrieb in einem Essay: »In ihrer flexibelsten Form bietet uns die Religion tatsächlich genau das, was uns die Kultur bietet; und wenn wir einen umfassenden und kreativen Glauben geschenkt bekommen haben, so bietet sie uns mehr.« Powys führt aus, die Religion habe sich immer geweigert, den Türspalt zum Unbekannten, »diesen kleinen Riss in der Sternenwand der Welt zu schließen, und so kann durch diese Öffnung in der vergitterten Kammer des menschlichen Ich frische, kühle, und ruhige Luft dringen, die wir zum Leben brauchen. Man kann von Glück reden, wenn es daneben noch andere Luftlöcher gibt; aber dieses eine hat schon unbestreitbaren Wert.«
Es zeugt also von Ignoranz, Religion allein auf ihre kriegerische und unterdrückende Geschichte zu reduzieren. Wer das tut, verliert die positiven Aspekte aus dem Blick. Auch nicht-religiöse Zeitgenossen genießen Früchte des Glaubens. Ohne Religion gäbe es viele wunderbare Kunstwerke nicht – keine Weihnachtsgeschichte, keine Fresken in der Sixtinischen Kapelle, keine Matthäus-Passion von Johann Sebastian Bach, keinen Kölner Dom. Weit darüber hinausgehend, verfügt die Religion über ein

Tröstungspotential, das keine innerweltliche Ideologie aufzubringen vermag: Der Mensch lebt nun einmal in den engen Grenzen von Raum und Zeit, seine Sehnsucht aber drängt ihn nach dem »Mehr« dahinter, spürt er doch jeden Tag am ungestillten Hunger nach Liebe, dass er noch nicht im Himmel ist.

Exemplarisch weist die Funktion der Religion der Feuilletonist Thomas Frahm nach, und zwar anhand der Bogoroditsa, der bulgarischen Muttergottes. Ihr Symbol sei der orthodoxe Kirchenraum. Frahm schreibt (in eigenwilliger, aber eindrucksvoller Bildsprache): »Die Kirchen, die seit der politischen Wende wieder im überkommenen neobyzantinischen Stil gebaut werden, sind nicht in die Höhe, sondern in die Breite orientiert. Breit ausladende Seitenschiffe, die an Schenkel gemahnen, bei verhältnismäßig niedrigem Glockenturm und Kuppeln, Kuppeln, Kuppeln. Der Eingang – die Vagina. Drinnen fast dunkel. Feuchtigkeit. Zahllose Kerzen. Vor der Apsis die Ikonostase – eine Plazenta. Wir befinden uns eindeutig im Schoß der Mutter. Wir müssen nicht wirklich an den Einen Gott glauben, weder an den strengen Abrahams noch an den barmherzigen Vater Jesu. Sie spielen eine Rolle, ja, aber verehrt werden nicht wirklich sie, sondern die Bogoroditsa, die Gottesgebärerin oder Muttergottes. (...) Denn die Bogoroditsa ist ja kein Vater, der uns richten könnte, oder der uns bestenfalls verzeiht, was wir angerichtet haben – was in beiden Fällen einen jurisdiktiven Beigeschmack behält. Sondern sie ist eine Mutter, die, was immer wir auch tun, bereit ist, uns in ihre Arme zu schließen, uns als ihre Kinder anzunehmen und uns über den Kopf zu streichen, weil wir so unrettbar dumm sind, uns an allen Ecken und Enden der Welt den Kopf zu stoßen, uns die Knie aufzuschlagen und uns mit anderen zu streiten.«

Nun aber: Unterhaltung und Religion? Widersprechen

sich diese beiden nicht? Denkt nicht manch einer beim Stichwort Religion sofort an langweilige Gottesdienste (wo man als Kind aus Verzweiflung Kirchenbänke oder Lampen zählte, seinen Namen in die Bank ritzte oder das Gesangbuch aus Mutwillen zerfledderte)? Kommen einem nicht nervtötende Unterrichtsstunden in den Sinn, die man einzig in der Hoffnung durchstand, möglichst billig ein »Gut« fürs Zeugnis abstauben zu können? Zwar heißt es im »Anmutigen Blumenkranz aus dem Garten der Gemeinde Gottes, ans Licht gegeben im Jahre 1712« (und zu finden in »Des Knaben Wunderhorn«), Erziehung zur Andacht sei auch durch Langeweile möglich, im Sinne von Reizentzug, der einzig den Weg zu Gott offen lasse. Doch bereits Sören Kierkegaard nannte die Langeweile die Wurzel von allem Bösen: »Es ist sonderbar genug, dass Langeweile, die selbst so ein ruhiges und bedächtiges Wesen ist, solche Kraft haben kann, in Bewegung zu setzen. Es ist eine ganz und gar magische Wirkung, welche die Langeweile ausübt, nur dass diese Wirkung nicht anziehend, sondern abstoßend ist. (...) Adam langweilte sich allein, dann langweilten sich Adam und Eva zusammen, dann langweilten sich Adam und Eva, Kain und Abel en famille; dann nahm die Volksmenge auf Erden zu, und die Völker langweilten sich en masse. Um sich zu zerstreuen, fassten sie den Gedanken, einen Turm zu bauen, der so hoch sei, dass er in die Wolken rage. Dieser Gedanke war ebenso langweilig, wie der Turm hoch war und ein erschreckender Beweis dafür, wie sehr die Langeweile überhand genommen hatte ...« Nun, seit Kierkegaard um die Mitte des 19. Jahrhunderts in Kopenhagen wirkte, hat sich die Welt gründlich verändert: Alles unterliegt dem Zwang, unterhaltsam zu sein, jeder Lebensvollzug gehorcht dem Diktat des Vergnügens. Der Mensch des 21. Jahrhunderts ist verpflichtet, Spaß zu haben.

Nur die Religion gilt weithin immer noch als Inbegriff von Weltverneinung, also Ablehnung all dessen, was schön ist und Freude macht. Ein alter Witz erzählt von der Frau, die aus dem Gottesdienst heimkehrt und ihrem Mann berichtet, der Pfarrer habe über die Sünde gesprochen. »Und, was hat er gemeint?«, will der Gatte wissen. Seine Frau antwortet: »Er war dagegen!«

Postmoderne religiöse Bewegungen dagegen, so genannte »Designerreligionen« in der Art von zusammengemixtem Instantglauben, geben nur und fordern nichts. Denn der Mensch unserer Zeit will vor allem die Botschaft hören, er sei gut, so wie er ist – auch wenn man aller Erfahrung nach zu einem anderen Urteil kommen müsste. Im Grunde ist die erfolgreichste Mission der Menschheit die von Coca Cola; man trinkt sie im letzten Winkel der Erde, im Vertrauen darauf, erfrischt zu werden, die mühselige Last für einen Moment abladen und am Heil des kapitalistischen Paradieses teilhaben zu können. Kaum verwunderlich also die Antwort eines Teenagers in Kalifornien auf meine Frage, was das Besondere an seiner Freikirche sei: »Have fun!«

Die traditionellen Religionen hingegen neigten immer wieder dazu, ihre Gläubigen mit dogmatischen und moralischen Anforderungen zu knechten. Im Extremfall konnten daraus krankhafte Ängste erwachsen: die Angst zu sündigen, Angst vor der Sexualität, Angst vor der Hölle. Der religiöse Druck, als Mensch nie zu genügen, immer unvollkommen zu sein, wirkt schließlich abstoßend; dann wird die Abkehr von der Religion zur Befreiung.

Auch, wer »religiös unmusikalisch« ist, wie der Soziologe Max Weber sich einmal selbst bezeichnete, wird zugeben müssen, dass Religion manchem Lebensbereich eine gewisse Würze verleiht. Denn Religion und Unterhaltung sind grundsätzlich keine Gegensätze. Allerdings traut sich die Religion auch zu thematisieren, was nicht so lus-

tig ist: die Suche nach Sinn, das Ringen um den rechten Weg, der allen Menschen ein würdiges Leben ermöglicht, und um den Tod beispielsweise. Religion lässt sich nicht durch das Diktat der Spaßgesellschaft in die Knie zwingen; wenn sie sich ihr allerdings in übertriebenem Eifer anpassen will, dann wird sie (unfreiwillig) komisch. Kurz: Religion kann nicht allein am Unterhaltungswert gemessen und schon gar nicht allein durch diesen Blickwinkel verstanden werden.
Ein irisches Sprichwort sagt: Gott schenkt dir das Gesicht, lächeln musst du selber. – Es sollte öfter dazu benutzt werden, das Gesicht. Die Welt ist nicht zum Lachen, aber manche Gelegenheit bietet sich doch. Auch die Religionen – unvollkommene, aber von Herzen kommende Versuche, mit Gott umzugehen – tragen ihr Scherflein zur Unterhaltung bei. Man braucht bloß den Mut, diese angenehme und komische Seite eben angenehm und komisch zu finden.

Bestseller

Eine Dame in der Buchhandlung: »Ich möchte ein Buch für einen Kranken.«
Der Buchhändler: »Soll es etwas Religiöses sein?«
»Nein«, antwortet die Dame, »es geht ihm schon besser.«
Urquell frommer Schriften ist das »Buch der Bücher«, die Bibel (von griechisch ›biblion‹ für ›Buch‹). Die Bibel ist das eigentliche Buch der Rekorde: Kein anderes wurde häufiger vervielfältigt und in mehr Sprachen übersetzt. Weltweit ist die Bibel in fast 2.200 Sprachen und Dialekten zu lesen. Jedes Jahr wird sie etwa 21 Millionen Mal gedruckt; rechnet man all die Millionen Ausgaben vergangener Jahrzehnte dazu, dann kommt man auf nahezu 2,5 Milliarden Exemplare seit 1815.
Gleich vorweg: In der Bibel sucht man das Stichwort ›Humor‹ vergebens, und viel zu lachen gibt es da auch nicht. Zwar stellt Kohelet, der Prediger Salomonis, zu Recht fest, Lachen und Weinen habe seine Zeit, aber dann wird nichts Rechtes draus. Als Gott dem Abraham einen Sohn verheißt, lacht er, ebenso seine Frau, denn er ist 100, sie 90 Jahre alt. Dieses Lachen missbilligt der Allerhöchste, lacht aber – wie die Gerechten – in den Psalmen über die Widersacher Gottes. »Als der Herr das Los der Gefangenen Zions wendete, da war unser Mund voll Lachen«, lesen wir in Psalm 126,2. Doch damit war es seinerzeit schon wieder vorbei, und man erinnerte sich wehmütig jener goldenen Tage. Im Neuen Testament wird das Lachen gar verdammt: »Weh euch, die ihr jetzt lacht, denn ihr werdet weinen«, donnert Jesus in der Feldrede bei Lukas. Und im Jakobusbrief rät der Apostel, das Lachen der Gläubigen solle sich in Trauer verkehren.

Die Bibel ist wahrlich kein Spaßbuch. Allerdings gehört sie zu den Grundlagen unserer Kultur. Wem ist eigentlich noch bewusst, wie viele Redewendungen und Sprichwörter biblischen Ursprungs sind? Wahrscheinlich kaum noch einem säkularisierten Zeitgenossen. Und doch benutzen wir sie tagtäglich:
Im Dunkeln tappen.
Etwas ausposaunen.
Die Augen ausweinen.
Die Haare stehen einem zu Berge.
Mit Engelszungen reden.
Ein Herz und eine Seele sein.
Jemanden auf Herz und Nieren prüfen.
Mehr Schulden als Haare auf dem Kopf haben.
Seine Hände in Unschuld waschen.
Wer anderen eine Grube gräbt, fällt selbst hinein.
Es geschehen noch Zeichen und Wunder.
Was du nicht willst, das man dir tu, das füg auch keinem anderen zu.
Bei der Weitergabe biblischen Wissens müsste man wörtlich bei »Adam und Eva« beginnen. Wer die Bibel nicht lesen *muss* (wie Konfirmanden), denkt wohl, diese Lektüre lohne nicht, sei mühsam und – Schlimmstes aller Prädikate – langweilig. Ein geistreicher Spötter kam auf die rettende Idee: »Es gibt offenbar nur eine Methode, die Bibelkenntnisse des heutigen Menschen zu verbessern: Man müsste die Lektüre verbieten.«
Ohne Bibelkenntnis – die ja keineswegs erfordert, dass man auch an ihren Inhalt glauben muss – kann man nicht nachvollziehen, was ein »salomonisches Urteil« ist, und es bleibt einem versagt, über einen Scherz wie diesen zu schmunzeln: »Wir können unser Geschlecht bis zu Kaiser Barbarossa zurückverfolgen. Und wie alt ist Ihre Familie?« – »Schwer zu sagen: Alle unsere Unterlagen gingen bei der Sintflut verloren.«

Die Bibel zu verstehen bereitet dem Menschen unserer Zeit Mühe. Die Texte sind in einem Zeitraum von über 1000 Jahren entstanden, zahlreiche Autoren haben mitgeschrieben, Redaktionen ausgewählt, welche Schriften als heilig zu gelten haben und welche nicht. Von den Originaltexten, die in Hebräisch, Aramäisch und Griechisch niedergeschrieben waren, sind die meisten verlorengegangen; überwiegend sind nur spätere Abschriften erhalten. Juden sollen die Tora in Hebräisch lesen. Doch sie kommen mit diesen Sprachkenntnissen ebensowenig auf die Welt wie alle anderen Menschen. Außerhalb von Israel müssen sie sie mühsam erlernen.
Der Lehrer übersetzt dem Dovidl aus der Bibel: »Watamot – ist gestorben. Sara – Sara. Also, wer ist gestorben, Dovidl?«
Dovidl: »Watamot ist gestorben.«
Der Lehrer schimpft: »Dummkopf, du verstehst mich nicht. ›Watamot‹ heißt deutsch ›ist gestorben‹, ›Sara‹, na: Sara! Also, wer ist gestorben?«
Dovidl: »Deutsch ist gestorben.«
Der Lehrer: »Idiot! Rindvieh! Watamot – ist gestorben, Sara – Sara. Watamot Sara – Sara ist gestorben. Also noch einmal, wer ist gestorben?«
Dovidl, schluchzend: »Ich kenn mich nicht mehr aus, das ist ja die reinste Seuche: Erst ist Watamot gestorben, dann Deutsch, und nun ist auch noch Sara gestorben!«
Martin Luther übersetzte die Heilige Schrift in die deutsche Sprache, in der Absicht, den Glauben zu demokratisieren und auch Laien die Lektüre der Bibel zu ermöglichen. Zwar konnte er auf frühere Versuche zurückgreifen, aber diese waren in regionalen Dialekten verfasst, grobschlächtig und hölzern geblieben. Luther verstand es, mit seinen Helfern Literatur zu schaffen. Doch auch seine Sprache ist heute veraltet. Was man zu Anfang des 3. Jahrtausends in einer evangelischen Kirche vernimmt, ist

nicht mehr seine Originalübersetzung, sondern eine zum x-ten Mal modernisierte Version.

Lukas 18,15–17 übersetzte der Doktor aus Wittenberg folgendermaßen: »Sie brachten auch junge Kindlin zu im, das er sie solt anrüren. Da es aber die Jünger sahen, bedraweten sie die. Aber: Jhesus rieff sie zu sich und sprach, Lasset die Kindlin zu mir komen und weret inen nicht. Denn solcher ist das reich Gottes. Warlich, Ich sage euch, Wer nicht das reich Gottes nimpt als ein Kind, der wird nicht hinein komen.«

Wie viele Rechtschreibreformen mögen wohl zwischen dieser Fassung und der folgenden Gute-Nachricht-Übertragung aus den neunziger Jahren des 20. Jahrhunderts liegen? »Einmal kamen Leute mit ihren kleinen Kindern zu Jesus, damit er ihnen die Hände auflegte, aber die Jünger wiesen sie ab. Doch Jesus rief die Kinder zu sich und sagte: ›Lasst die Kinder zu mir kommen und hindert sie nicht, denn gerade für Menschen wie sie steht Gottes neue Welt offen. Täuscht euch nicht. Wer sich der Liebe Gottes nicht wie ein Kind öffnet, wird sie niemals erfahren.‹«

Den löblichen Unternehmungen zum Trotz, die alten Bibeltexte in zeitgemäßer Sprache anzubieten, man liest sie trotzdem nicht häufiger deswegen. Und die ganzen vertrauten ›geflügelten Worte‹, wie »Lasset die Kindlein zu mir kommen und wehret ihnen nicht«, sind bei der Modernisierung auf der Strecke geblieben.

Nur der ›Kick‹ reizt noch. Den boten in den achtziger Jahren sehr freie Bibel-Nacherzählungen, die durch frechen, saloppen Ton unterhielten. Natürlich wurde hier nicht streng übersetzt, sondern weitgehend interpretiert (wogegen auch keine Übersetzung gefeit ist). Die Sündenfallstory aus der Genesis liest sich im Werk »Der große Boss – Das Alte Testament unverschämt fromm neu erzählt von Fred Denger« folgendermaßen:

»*Adam, wo bist du?* ertönt seine sonore Stimme. *Komm*

her, ich hab mit dir zu reden! Und bring deine Biene mit. Die beiden kommen zögernd aus ihrem Versteck. Sie haben ein flaues Gefühl im Magen.
Warum treibt ihr euch in den Hecken rum? wundert sich der GROSSE BOSS. *Habt ihr das nötig?*
Naja, stottert Adam, *ich hab dich kommen gehört, und so nackt wie ich bin, – da geniert man sich doch, nicht wahr?*
Der GROSSE BOSS runzelt die Stirn. *Wer hat dir gesagt, du seist nackt? Hast du etwa von meinem Erkenntnisbaum genascht?* Seine Stimme ist ein einziges Grollen.
Schnell deutet Adam, dieser Denunziant, auf das Mädchen: *Hier, das Flittchen, das du mir aufgehalst hast und das nicht mal kochen kann, – sie hat mir den verbotenen Apfel untergejubelt. – Übrigens war ein Wurm drin.*
Der GROSSE BOSS verzieht geringschätzig die Lippen. Wurm, wagte dieser Wurm zu sagen! Dann blickt er auf das Mädchen. Sie schlägt verlegen die Augen nieder. *Warum hast du das getan?*
Ich bin verführt worden! entschuldigt sich das Mädchen mit der für ihr Geschlecht typisch faulen Ausrede. *Die sandfarbene Schlange hat mich beschwatzt, da hab ich halt reingebissen. Aber das mit dem Wurm stimmt nicht; bloß sauer war er, der Apfel.«*

Dieser Ton kam einmal prima an, doch auch diese neumodischen Ausgaben nerven auf die Dauer. Erfrischend wirken dagegen die mundartlichen Übersetzungen, die mittlerweile für verschiedene Dialekte vorliegen: plattdeutsch, bayrisch, schwäbisch, sächsisch und andere. Hier folgt die rheinische Übersetzung eines Psalms. Lesen Sie den Text doch einfach einmal laut; sicher erkennen Sie wieder, um was es da geht:

Dr Här ist mingen Heet, mir jeit nix av.
Hä hät mich op en jröne Wees jefoht.
Do han ich Foder, Wasser och ze baaschte,

Un keine Hunger bruch ming Siel ze ligge.
Weil Hä et will, kann ich do jrase jon.
Un stupp hä mich och en e dunkel Loch –
Ich ben nit bang, denn Hä, Hä es je do.
Du decks mr dr Desch, un die Ööster künne zoluure.
Du deis Pomad op ming Hoore un schötts mr noch e Jlas en.
Loß kumme, die mir Unjods welle.
Die künne mir nix dun. Hä well et nit.
Dr janzen Dag noch darf ich bei im blieve.
Hä hät mich jään, un dat es mingen Trus!

Ria Wordel schuf 1975 diese Version des 23. Psalms (›Der Herr ist mein Hirte‹) ›op kölsch‹.
Die Bibel ist ein poetisches Werk, aber gewiss kein wissenschaftliches Fachbuch. Sie will nicht Dinge beweisen, die wir heute mit Hilfe der Astronomie, Physik, Biologie oder Psychologie erklären können. Die Bibel ist ein Buch des Glaubens. Sie erzählt Geschichten über die alten Fragen der Menschheit, wie: Woher kommt all das, was ist? Warum gibt es überhaupt das Leben? Wer hat die Erde gemacht? Warum sind die Menschen so, wie sie sind? Was ist gut, was ist böse? Hat das Leben einen Sinn? Warum müssen Menschen sterben? Wer ist Gott?
Notabene: die Antworten der Bibel sind poetische. Wer sie 1:1 auf das Hier und Heute übertragen will, wird große Probleme bekommen. Die US-Radiomoderatorin Laura Schlessinger wurde in einer ihrer Sendungen befragt, wie man zur Homosexualität zu stehen habe. Als achtsame Gläubige berief sie sich auf Levitikus 18,22 und folgerte, man dürfe diese Lebensform unter keinen Umständen gutheißen: Schwule seien dem Herrn ein Gräuel! Daraufhin veröffentlichte Jake, ein Hörer, eine Antwort im Internet. In dem Dankschreiben bittet Jake um weitere Ratschläge:

»... b) Ich würde gerne meine Tochter in die Sklaverei verkaufen, wie es in Exodus 21,7 erlaubt wird. Was wäre Ihrer Meinung nach heute ein angemessener Preis für sie?
c) Ich weiß, dass ich mit keiner Frau in Kontakt treten darf, wenn sie sich im Zustand ihrer menstrualen Unreinheit befindet (Lev 15,19–24). Das Problem ist, wie kann ich das wissen? Ich habe versucht zu fragen, aber die meisten Frauen reagieren darauf pikiert. ...
e) Ich habe einen Nachbarn, der stets am Samstag arbeitet. Das 2. Buch Mose stellt im 35. Kapitel, Vers 2 deutlich fest, dass er getötet werden muss. Er hat sich gegen Gottes heiliges Gebot vergangen. Meine Frage: Bin ich moralisch verpflichtet, ihn eigenhändig zu töten? Oder kann das ein anderer tun?
g) In Lev 21,20 wird dargelegt, dass ich mich dem Altar Gottes nicht nähern darf, wenn meine Augen von einer Krankheit befallen sind. Ich muss zugeben, dass ich Lesebrillen trage. Muss meine Sehkraft perfekt sein oder gibt's hier ein wenig Spielraum?
h) Die meisten meiner männlichen Freunde lassen sich Haupt- und Barthaare schneiden, inklusive der Haare ihrer Schläfen, obwohl das eindeutig durch Lev 19,27 verboten wird. Wie sollen sie sterben? ...«

Kompliziert wird es eben dann, wenn man wörtlich nimmt, was symbolisch gemeint ist. Hier kann selbstverständlich der Einwand gemacht werden, wer denn bitte bestimmen wolle, was sinnbildlich gemeint sei und was nicht. Meiner Beobachtung nach haben sich zumindest die Theologen nie lange mit der Frage aufgehalten, ob Jesus denn in der Realität aus fünf Broten und zwei Fischen so viel Brot und Fisch gezaubert habe, dass fünftausend Männer damit gesättigt werden konnten – »dazu die Frauen und Kinder« (z.B. Matthäus 14, 13–21 und Parallelstellen)! Tatsachenbericht oder Lehrgeschichte über die Kraft des Teilens? Wer mag darüber ernsthaft streiten?

Wer die Bibel liest, muss es aushalten können, nicht alles zu begreifen. Das gilt für alle heiligen Schriften. Ein buddhistischer Schüler beklagte sich bei seinem Meister, warum er Geschichten erzähle, ihre Bedeutung aber nicht enthülle. Der Meister antwortete mit einer Gegenfrage: Wie es den Schülern gefallen würde, wenn er ihnen vorgekaute Früchte anböte?

»Gott schrieb die Bibel, und mit dem Schreiben entstand die Welt. ... So weit hat es noch kein Schriftsteller gebracht. Aber die Ehrgeizigen versuchen es«, notiert Olof Lagercrantz in seinem Essay über »Die Kunst des Lesens und des Schreibens«. Und einige der schreibenden Kollegen griffen – vom Erfolg des Originals beflügelt – gern auf biblische Vorlagen zurück. Stoff für Gedichte, Erzählungen oder Romane boten etliche Gestalten beider Testamente: Joseph aus Ägypten etwa, dessen Geschichte Thomas Mann zu seinem großen Romanwerk »Joseph und seine Brüder« verarbeitete; lange vor ihm (1667) hatte der Autor des »Simplicissimus«, Hans Jakob Christoffel von Grimmelshausen, »Des vortrefflichen keuschen Joseph in Egypten erbauliche Lebens Beschreibung« vorgelegt.

Aus Jesus machte bereits im Jahre 830 das Epos »Der Heliand« einen germanischen Helden. Nikos Kazantzakis stellte ihn in seiner »Letzten Versuchung Jesu« als einen Zerrissenen dar, der vor seiner Berufung flieht, und Franz Alt entdeckte in Jesus gar den »ersten neuen Mann«, den vom Männlichkeitswahn emanzipierten Softi. Der französische Schriftsteller Daniel-Rops hatte unmittelbar nach dem Zweiten Weltkrieg einen Jesus-Bestseller auf den Markt gebracht, »Jésus en son temps« (dt.: Jesus. Der Heiland und seine Zeit): 500 Nachauflagen gab es, 14 Übersetzungen. Der Autor – der eigentlich Henri Petiot hieß – erschien einmal in Begleitung seiner Frau zu einem Fest. Die Dame trug einen kostbaren

Nerzmantel. Der Gastgeber strich mit bewundernder Handbewegung über das zarte Fell und fragte spitz: »Vom Herrn Jesus, nicht wahr?«
Wer sich literarisch mit Religionsgründern auseinandersetzt, schreibt über besondere Menschen, aber eben doch über Menschen: Hermann Hesse brachte Europa mit seiner ›indischen Dichtung‹ »Siddhartha« Zeit und Denken des Buddha nahe. Mit weniger Respekt beschrieb Salman Rushdie die Praktiken des Mohammed und wird deswegen seit 1989 von fanatischen Muslimen mit dem Tode bedroht. Andere Autoren wagen sich noch weiter vor und notieren Anmerkungen über den Schöpfer selbst. Sie gehen dabei von ihren Erfahrungen mit den Menschen und der Welt aus und ziehen Rückschlüsse auf den, der das alles in die Wege geleitet hat:
Gott habe die Welt – dessen ist sich Emile Cioran sicher – nur aus Angst vor der Einsamkeit erschaffen. Wer wollte ihn dafür kritisieren? Die Welt aber stellt sich als so unvollkommen dar, dass dies ein schlechtes Licht auf ihren Urheber wirft: »Manchmal glaube ich, dass Gott seine Fähigkeiten überschätzte, als er den Menschen schuf«, räsonierte Oscar Wilde. Vorsichtiger drückt sich Peter Ustinov aus, der angesichts dessen, was Gott alles auf Erden zulässt, das Gefühl nicht los wird, Gott experimentiere noch. Hanns-Hermann Kersten meint knapp und sarkastisch: »Gott schuf die Welt aus dem Nichts. Der Mensch befördert sie dorthin zurück.«
Über die Schöpfung schreibt ein neunjähriger Junge aus Neapel: »Den ersten Mann nannte Gott Adam, und dann fragte er ihn, ob er glücklich sei, dass er ihn ins irdische Paradies getan hätte und ob ihm nichts fehle. Nein, nein, sagte Adam, mir geht es gut. Aber Gott schuf ihm die Frau.« – Nun, es ist bekannt, wie die Sache weiterging. Rätsel gibt sie bis heute auf (das macht ja gute Literatur aus!). Karl Valentin zum Beispiel konnte nicht verstehen,

warum es verboten sein solle, in einen Apfel zu beißen. Er stellte verwundert fest: »Und auf der anderen Seite heißt es immer: Esst frisches Obst!«
Was ist Gott für einer, wenn er so etwas zulässt? Der amerikanische Autor Jack Miles – Theologe, Kulturredakteur, Professor – hat sich der fleißigen Aufgabe unterzogen, eine Biographie Gottes zu schreiben. In seinem Opus untersucht er die Dichtungen des Alten und Neuen Testaments und findet, dass dem göttlichen Helden in den verschiedenen Schriften auch unterschiedliche Charakteristika zu eigen sind. Mal ist er Schöpfer, mal Zerstörer; er tritt als Freund der Familie, Befreier und Höchster Richter auf; wir lernen ihn als Vollstrecker, Weisheitslehrer, Feind und Heerführer kennen; Gott wird als Zuschauer, Mann, Frau, Geheimnis dargestellt. Erst in der Zusammenschau gewinnen wir aus den Mosaikstückchen ein Bild – freilich nicht ein Porträt Gottes, sondern jenes Bild, das die biblischen Autoren von ihm zeichneten. Jack Miles schreibt: »Gott (...) ist im fundamentalsten Sinne des Wortes der Protagonist, der *protos agonistes* oder ›erste Handelnde‹ der Bibel. Er betritt nicht die menschliche Bühne. Er *erschafft* die menschliche Bühne, die er dann betritt. (...) Gott frustriert unsere üblichen literarischen Erwartungen, die ja durch die Erwartungen geprägt sind, die wir anderen Menschen gegenüber haben, wenn wir ihnen begegnen. Wir erwarten zu erfahren, wer sie sind, indem wir erfahren, wie ihre Vergangenheit zu ihrer Gegenwart geführt hat. Dies ist fast per definitionem das, was eine menschliche Gestalt interessant oder kohärent macht. Gott ist nicht auf diese Weise interessant oder kohärent.«
Zugegeben, man kann die Bibel nicht wie ein Mickymausheftchen verschlingen; kaum wird man ein Kind mit dieser Lektüre taschenlampenbeleuchtet unter der Bettdecke vorfinden. Aber allzu große Hemmungen vor der

Lektüre braucht man auch nicht zu haben, denn so kompliziert, wie man meint, ist sie auch wieder nicht. Eigentlich schade, dass das Buch – wertvoll in Leder mit Goldschnitt gebunden, oder preisgünstig aus Altpapier als Taschenbuch in Millionenauflage, ob groß gedruckt oder im Miniformat für die Hosentasche – zu jenen Gegenständen zählt, die in fast jedem Haus zu finden sind, aber nie benutzt werden.

Die Bibel bietet ihren Leserinnen und Lesern kein einheitliches Bild. Wir finden in diesem Buch keine systematische Theologie vor, sondern Lebensgeschichten, die von der Sehnsucht nach Liebe erzählen, von Hochmut und Schuld, von der Freude an der Welt und der Angst vor dem Tod. Die Bibel erzählt die Geschichte der Menschheit und die jedes Einzelnen. Und sie bringt das alles in einen Zusammenhang mit dem, den wir Gott nennen. Angesichts dieser Fülle verwundert es kaum, dass der Dramatiker Bert Brecht auf die Frage nach seinem Lieblingsbuch bekannte: »Sie werden lachen, die Bibel!«

Die gemeine Gemeinde

»Im religiösen Leben ist der Gehalt wichtig, nicht die Menge. Damit ist die Gruppe seltsamer Christen schwer getroffen, die des Guten nicht genug tun können, aber auf falschem Wege. Je mehr, desto besser, dieser Wahlspruch leuchtet auf ihrem Panier. Eine Bruderschaft ist gut, zwei sind doppelt so gut, zehn natürlich zehnmal. Es können aber auch elf oder zweiundfünfzig sein. Überall gibt es Gnaden, Ablässe, Privilegien. Das himmlische Kontobuch schwillt an, und zwar auf der rechten Seite, wo in großen goldenen Lettern drübersteht: Haben. Ein Engel schreibt dort unermüdlich vielstellige Zahlen ein. Eine fromme Seele erzählte beglückt, sie habe schon vierzehn Sterbeablässe gewonnen. Auf die Frage: warum denn so viele, mehr als einen braucht man ohnehin nicht? meinte sie treuherzig: ›Wissen Sie, wenn einer nicht geht, dann sind wenigstens gleich ein paar andere da!‹«

In den fünfziger Jahren schrieb der Jesuit Michael Horatczuk milde lächelnd über diese bizarren Blüten des österreichischen Katholizismus. Sterbeablässe sind mittlerweile aus der Mode gekommen, nicht aber die Haltung, die dahinter steht: dass religiöse Sachverhalte »funktionieren« wie Maschinen. Ist aber Gott ein Apparat, wo man oben Bitten einwirft und unten Erfüllung erhält?

Eine Frau kommt verzweifelt zum Rabbi gelaufen. Ihr Kind leidet an unstillbarer Diarrhöe.

»Bete Psalmen«, empfiehlt der Rabbi.

Die Frau befolgt den Rat, das Kind gesundet. Aber nach einigen Tagen kommt die Frau wieder, nun leidet das Kind unter Verstopfung.

»Bete Psalmen«, meint der Rabbi.

»Aber Rabbi«, ruft sie da entsetzt, »Psalmen stopfen doch!«

Während gigantischer Waldbrände in den USA war auf der Leuchtreklametafel einer Kirchengemeinde in Santa Fee die Fürbitte zu lesen:
»In the Name of Your Holy Son Jesus: Let it rain – Let it rain – Let it rain.«
Hegte man dort möglicherweise die Hoffnung, Gott würde den Highway entlang kommen und den Text lesen? War es vielleicht eine Aufforderung an die Vorbeibrausenden, selbst den Himmel zu bestürmen? Oder diente die Aktion letztlich nur als Werbemaßnahme, nach dem Motto: Seht, Leute, wir tun, was man von uns erwartet: wir beten.
Keineswegs ist es mein Anliegen, mich über die Frömmigkeit anderer Leute zu erheben. Aber spürt man nicht manchmal unmerklich das, was die Schwaben ein »Gschmäckle« nennen; ein unbenennbares Unbehagen, das Gefühl, dass irgendetwas nicht stimmt? Die Gläubigen konkurrieren gern untereinander, wer besser sei, fleißiger, frömmer. Dieser Wettkampf ist selbstverständlich mit der Weihe versehen, im Dienst einer höheren Sache zu stehen. Eine evangelische Pfarrerin aus Württemberg erzählte mir von einer jungen Frau, die sich in der Gemeinde engagieren wollte. Im Frauenkreis, dominiert von älteren Damen mit Dutt, hieß man diese aufgeweckte Person nicht gerade willkommen. Die junge Frau ließ sich nicht abschrecken. Beim Pfarrfest half sie am Kuchenbüfett aus. Ein paar Tage später ging bei der Pfarrerin ein anonymer Brief ein: Die junge Frau habe die Tortenstücke viel zu groß geschnitten und damit die Gemeinde geschädigt! – Von Mark Twain stammt das Stoßgebet: »Lieber Gott, mache die bösen Menschen gut und die guten Menschen etwas netter!«
Sören Kierkegaard, der größte Philosoph Dänemarks, verfasste die »erweckliche Betrachtung« mit dem Titel »Die zahme Gans«. Sie erzählt von Gänsen, die jeden

Sonntag zusammenkommen und denen ein Gänserich predigt. »Der wesentliche Inhalt der Predigt war folgender: welch hohe Bestimmung die Gans habe, zu welch hohem Ziel der Schöpfer – und jedes Mal, wenn dieses Wort genannt wurde, neigten sich alle Gänse und Gänseriche, senkten den Kopf – die Gans bestimmt habe; mit Hilfe der Flügel könnten sie zu fernen, seligen Gegenden fliegen, wo ihre eigentliche Heimat wäre, denn hier seien sie nur als Ausländer.
So geschah es jeden Sonntag, und danach trennte sich die Versammlung, jede watschelte heim zu den Ihren. Und dann wieder am nächsten Sonntag zum Gottesdienst, und dann wieder nach Hause – dabei blieb es; sie gediehen und wurden fett, drall, delikat – und dann am Martinsabend verspeist – dabei blieb es.
Dabei blieb es. Denn während die Rede am Sonntag so hochfliegend war, wussten die Gänse am Montag einander zu erzählen, wie es einer Gans ergangen war, die Ernst hatte machen wollen mit Hilfe der Flügel, die der Schöpfer ihr gegeben hatte, bestimmt für das hohe Ziel, das ihr gesetzt war: wie es ihr erging, welche Schrecken sie ertragen musste. Das wussten die Gänse unter sich, so klug waren sie. Aber selbstverständlich, es wäre unpassend, darüber am Sonntag zu reden, denn, sagten sie, dann würde es ja offenbar werden, dass unser Gottesdienst eigentlich bedeutet, aus Gott und uns selber Narren zu machen.
Unter den Gänsen fanden sich auch einige, die leidend aussahen, mager wurden. Von denen hieß es unter den Gänsen: da sieht man, wozu das führt, mit dem Fliegen Ernst zu machen. Denn weil sie in ihrem stillen Sinn mit dem Gedanken umgingen, fliegen zu wollen, darum wurden sie mager, gediehen nicht, hatten nicht die Gnade Gottes, wie wir sie haben, die wir daher drall, fett und delikat werden, denn von Gottes Gnade wird man drall, fett und delikat.«

Hier dräut der nicht tot zu kriegende Vorwurf, die Gläubigen seien doch alle schreckliche Spießer. »Die meisten Leute möchten Gott dienen – aber nur als Berater«, war einmal geistreich im Londoner Sunday Express zu lesen. In dieser Verallgemeinerung ist jedoch eine solche Unterstellung nicht zu halten. Wie viele aufrechte Menschen haben sich aufgrund ihres Glaubens für andere engagiert und die Welt dadurch ein bisschen besser gemacht.
Nicht von der Hand zu weisen ist jedoch die Beobachtung, dass Glaube allein – Glaube im Sinne von »Bejahung von Glaubenswahrheiten« – einen Menschen nicht ethisch höher stellt, ihn umgänglicher macht oder gar fröhlicher. Ohne bösen Zungenschlag, aber auch ohne Furcht, die Dinge beim Namen zu nennen, spricht Johano Strasser (im Jahre 2002 zum Präsidenten des deutschen PEN-Clubs gewählt) in einem Vortrag an der Evangelischen Akademie Tutzing »Vom Nutzen und Nachteil der Religion für das Leben«. In seinen »zaghaften Bemerkungen über Religion und Religiosität, gerichtet an die Frommen unter ihren Verächtern« heißt es unter Punkt 3 zu den Christen:
»Bei den meisten Kirchenmenschen, die ich kenne, ist – jedenfalls für mich – nicht zu erkennen, was Religion für ihr Leben bedeutet. Auch bei den meisten Festangestellten nicht. (...) Die meisten Christen predigen die Würde des Unverfügbaren und lassen doch zu, dass eine Ökonomie, der alles – wirklich alles – Ressource, Ware, Produktionsfaktor ist, unser Denken und Handeln bis in den letzten Winkel durchdringt. Die meisten Christen geben vor, sich an einer wertgebenden Instanz zu orientieren, die allem menschlichen Tun vor- und übergeordnet ist, und lassen sich doch einreden, dass Konsum der Inbegriff des Glücks und wirtschaftlicher Erfolg der Gipfel menschlicher Leistung sei.«
Kurz, hat der religiöse Glaube überhaupt Auswirkungen auf das Leben der Gläubigen, und wenn ja, welche? Jo-

hano Strasser erkennt keine. Religion scheint eher als frommer Überbau, um der bürgerlichen Existenz Farbe und Schmuck zu verleihen. Wilhelm Busch dichtete:

Ich hab in einem alten Buch gelesen
Von einem Jüngling, welcher schlimm gewesen.
Er streut sein Hab und Gut in alle Winde.
Von Lust zu Lüsten und von Sünd zu Sünde.
In tollem Drang, in schrankenlosem Streben
Spornt er sein Ross hinein ins wilde Leben,
bis ihn ein jäher Sturz vom Felsenrand
Dahingestreckt in Sand und Sonnenbrand,
Dass Ströme Bluts aus seinem Munde dringen
Und jede Hoffnung fast erloschen ist.

Ich aber hoffte – sagt hier der Chronist –
Die Gnade leiht dem Jüngling ihre Schwingen.

Im selben Buche hab ich auch gelesen
Von einem Manne, der honett gewesen.
Es war ein Mann, den die Gemeinde ehrte,
Der so von sechs bis acht sein Schöppchen leerte,
Der aus Prinzip nie einem etwas borgte,
Der emsig nur für Frau und Kinder sorgte;
Dazu ein proprer Mann, der nie geflucht,
Der seine Kirche musterhaft besucht.
Kurzum, er hielt sein Rösslein stramm im Zügel
Und war, wie man so sagt, ein guter Christ.

Ich fürchte nur – bemerkt hier der Chronist –
Dem Biedermanne wachsen keine Flügel.

Na und? Man kann schließlich auch ohne Flügel leben, sprach der Elefant. Religion neigt eben stark zu Ordnung, befriedigt Sicherheitsbedürfnisse. So etwas darf man nicht gering achten. Doch anscheinend genügt das nicht, sonst müssten ja die Menschen in den westlichen Industrieländern die glücklichsten der Welt sein. Aber ach, sie murren und klagen und jammern, denn irgendein Ziel bleibt immer unerreicht. Kann Religion dem nichts entgegensetzen? Karl-Heinz Deschner, wohl schärfster Kritiker der christlichen Religion in der Gegenwart, hat sich ausführlich mit den Gräueltaten der Kirchengeschichte auseinandergesetzt. Als seinen schwersten Vorwurf schätze ich jedoch ein, dass das Christentum die Menschen nicht glücklicher gemacht habe.

Aber: Was soll das denn sein, Glück? Man kann es haben, wenn man überraschend findet, was man gesucht hat, wenn man zur rechten Zeit am rechten Ort ist. Aber man kann doch das Glück nicht abonnieren. Vielleicht ist der Anspruch auf ein glückliches Leben zu hoch gegriffen. Die Religion hat sich nie an den hohlen Versprechungen der modernen Werbung beteiligt, die tägliche Glückseligkeit durch Konsum suggeriert. Nein, Religion spricht nicht von Glück, auch wenn ihr Bestreben in diese Richtung verläuft: sie zeigt Wege aus der unbefriedigten Sehnsucht nach Erfüllung und Sinn, sie bietet und regt Beziehungen an, die das ganze Dasein tragen. Und sie kann damit leben, dass nicht alle Blütenträume reifen.

Dennoch richtet die Religion ihr Augenmerk nicht allein auf das Ewige, beantwortet nicht nur metaphysische Fragen, die niemand stellt. Sie wirkt konkret in den Lebenskontext der Menschen des 21. Jahrhunderts hinein, wenn auch bisweilen mit unscheinbaren und unspektakulären Aktionen. Sie sollten in ihrer stabilisierenden Wirkung nicht unterschätzt werden.

Analysieren wir: Die Automatisierung der Arbeitswelt und des Haushaltes hat im 20. Jahrhundert den Menschen in den Industrieländern eine bisher ungeahnte Menge an Freizeit beschert. Dazu kommt die höhere Lebenserwartung: Nach der Rente kann man durchschnittlich noch zwanzig Jahre lang leben. Was stellt man mit dieser Zeit

an? Fernsehen und Freizeitindustrie stehen bereit. Die traditionellen Beschäftigungen aber lassen nach: Sportverein, Männerchor, Schachklub, Handarbeitskreis verzeichnen nicht mehr den gleichen Zulauf wie früher. Auch Gewerkschaften und Parteien diagnostizieren die Krise: die Treffen werden immer spärlicher besucht. Davon ist auch die Kirche betroffen. An deren Versammlungen – den Gottesdiensten am Sonntagmorgen – nehmen nur zwischen 5 und 20 Prozent der Mitglieder teil.
Dafür bietet eine normale Vorstadtgemeinde eine Reihe anderer Angebote. Da gibt es theologische und therapeutische Gesprächsrunden, Treffpunkte für Alleinerziehende oder für Trauernde, eine Stillgruppe, das Büchereiteam, Kindergruppe, Jugendtreff, Kirchenchor, den Pfarrbesuchsdienst, Gruppen für Ikebana und Yoga, den Nähkurs, die Initiative zur Erforschung der Historie der Gemeinde, die Dritte-Welt-Aktivisten, die Frauengemeinschaft, die christliche Arbeitnehmerbewegung, die Pfarrbriefredaktion, vielleicht auch noch das Relikt einer Friedensgruppe. Schließlich das Parlament der Gemeinde, den Pfarrgemeinderat oder das Presbyterium. Diese Institutionen verfügen natürlich wieder über Ausschüsse, für Finanzen, Bauen, Soziales, Feste, Liturgie et cetera. Kurzum, die Gemeinden gleichen heute den Großtankstellen, die ihr Kerngeschäft – nämlich Benzin zu verkaufen – zwar noch betreiben, die besten Gewinne aber mit Süßwaren, Zeitungen, Alkoholika, Tabakwaren, Grillmaterial und Schnittblumen erwirtschaften.
Nach dem alten Motto der Politik, dass man das Wort »Gegner« steigern kann zu »Feind« und schließlich »Parteifreund«, funktioniert auch in einer typischen Gemeinde das System von Hauen und Stechen. Keiner will die Arbeit machen, aber diejenigen, die sie machen, werden dafür von den anderen abgestraft und kritisch beäugt. Das macht nun einmal Spaß: Menschen gönnen einander

selten etwas, und über jemanden herzuziehen scheint aus einem Grundbedürfnis des homo sapiens zu rühren: Wo seinesgleichen zusammenkommt, ob in der Schule, bei der Arbeit, im Verein oder in der Kirche – es blüht die Kultur des Kritisierens. Über die Tücken des Ehrenamtes wusste schon Wilhelm Busch Bescheid. Noch einmal sei er zitiert:

Willst du froh und glücklich leben
Lass kein Ehrenamt dir geben.
Willst du nicht zu früh ins Grab
Lehne jedes Amt gleich ab.

So ein Amt bringt niemals Ehre
Denn der Klatschsucht scharfe Schere
Schneidet boshaft dir, schnipp-schnapp
Deine Ehre vielfach ab.

Wieviel Mühe, Sorgen, Plagen,
Wie viel Ärger musst du tragen,
Gibst viel Geld aus, opferst Zeit
Und der Lohn? Undankbarkeit.

Selbst dein Ruf geht dir verloren
Wirst beschmutzt vor Tür und Toren
Und es macht ihn oberfaul
Jedes ungeschwasch'ne Maul.

Ohne Amt bleibst du so friedlich
Und so ruhig und gemütlich,
Du sparst Kraft und Geld und Zeit,
Wirst geachtet weit und breit.

Drum so rat ich Dir im Treuen,
Willst Du Weib und Kind erfreuen,
Soll Dein Kopf Dir nicht mehr brummen:
Lass das Amt doch and'ren Dummen.

Jeder, der einmal ehrenamtlich gearbeitet hat, wird Busch zustimmen müssen. Das größte Leid tut der Mensch sich immer selbst an. Nur, würde man zu Buschs Konsequenzen gelangen, das soziale Leben käme weltweit zum Erliegen. Ein anderer bedenkenswerter Aspekt: Wer sich an den Abenden in der Pfarrei herumschlägt, sitzt wenigstens nicht vor dem Fernseher. Er übt sich in menschlicher Begegnung. Das Zusammengehörigkeitsgefühl wertet den Kleinsten auf, da er ja zum Bruder des Größten avanciert. Die Kassiererin vom Supermarkt und der Bischof sind Geschwister vor Gott (wenngleich man sich untereinander siezt und nur den gemeinsamen Vater duzt).

Dass aber Beziehungen zwischen Schwestern und Brüdern im Herrn nicht immer glatt ablaufen, das weiß jeder, der mit leiblichen Schwestern oder Brüdern aufgewachsen ist. Wer sich in der Gemeinde umtut, ist aber auch nicht allein: das geht weit über bloße Unterhaltung hinaus und ist eine wirkliche Wohltat der Religion in unserer Epoche der Vereinsamung: Gemeinschaft zu stiften.

Der Preis: Gemeinschaft ist anstrengend. Wer darf den Kurs bestimmen? Wer setzt Anfang und Ende? Wie weit darf einer vom allgemeinen Konsens abweichen? Wer gehört dazu und wer nicht? Würden sich alle einzig aus Liebe zu Gott und den Mitmenschen einsetzen, vielleicht gelänge das Projekt. Doch dem Gedeihen schaden die anderen Motivationen. Da kommen Leute, die in der Gemeinde ihren fehlenden beruflichen Aufstieg kompensieren wollen. Da therapieren welche über Vorsitzendenposten ihre Minderwertigkeitskomplexe. Personen mit Beziehungsschwierigkeiten suchen in der Gemeinde eine Ersatzfamilie. Gebenedeit die Gemeinde, wo »Kommunion« (= Gemeinschaft) gelingt. Wehe aber den Gemeinden, die sich aus Verrat und Missgunst schon im Diesseits die Hölle bereiten.

Auch die Fürsorge umeinander ist verdienstlich. Eine Ordensfrau im Gemeindedienst berichtete mir, sie habe eine neue Mitschwester erwartet, aus Bayern. Um ihrer Kollegin in der Fremde einen angenehmen Einstand zu ermöglichen, habe sie ausnahmsweise im Supermarkt zwei Flaschen Bier gekauft. Beim Rausgehen traf sie auf eine Dame aus der kleinen katholischen Pfarrei. Am nächsten Sonntag dann begrüßte schon der Küster die beiden Nonnen: »Na, hat das Bier geschmeckt?«

In einer Quäker-Andacht sitzen die Teilnehmerinnen und Teilnehmer eine Stunde lang schweigend im Kreis. Es gibt keinen Pfarrer; wem der Geist etwas eingibt, der steht auf und spricht. Dazu bemerkte der britische Quäker Roger Clark 1954: »Ich weiß nie, was ich mehr bewundern und beneiden soll: die Begabung und Geschicklichkeit derer, die gut sprechen und alle entzücken – oder den Mut derer, die weniger gut, dafür aber oft mit beträchtlicher Länge reden.«

Religion lindert Not, materielle und spirituelle. Manchmal kann man beide kaum auseinanderhalten. Vor einigen Jahren kam ich zum ersten Mal nach Irland, vorbereitet durch Heinrich Bölls »Irisches Tagebuch«, im Kopf tausend (positive) Vorurteile. Von dem, was ich beobachtete, stimmte einiges überhaupt nicht damit überein. Anderes hingegen schon: die Frömmigkeit ist eigenwillig! In der irischen Republik gehören etwa 95 Prozent der Einwohner der römisch-katholischen Kirche an, das sind mehr als in Polen oder Italien. Doch wie anders äußert sich der Glaube auf der Insel als auf dem Festland! Zwar ist Irland von Kirchen, Klöstern und Kapellen überzogen, zwar finden sich Heiligen-Darstellungen an Häuserwänden und auch eine Plastikmaria auf einem Toilettenspülkasten konnte ich in Mountshannon bestaunen – von bigottem Getue aber keine Spur.

Die Messe im Dorf Abbey beispielsweise dauerte inklusive Liedern, Predigt und Kommunion exakt 27 Minuten.

Der Landwirt Sean Larkin wusste zu erklären: Früher sei ein junger Kaplan da gewesen, der habe den Gottesdienst unnötig in die Länge gezogen – auf fast eine Stunde. Da seien die Leute weggeblieben, vor allem die Jungen. Nun habe man einen alten, erfahrenen Pfarrer, der wüsste, was man dem Volk zumuten dürfe. 27 Minuten eben.
Frank McCourt zertrümmert in seinem herrlichen Buch »Die Asche meiner Mutter« bewusst schon auf Seite zwei seiner Kindheitserinnerungen aus dem Vorkriegsirland den Mythos eines gottergebenen Volkes, wenn denn stimmen sollte, was er schreibt: »Der Regen trieb uns in die Kirche – unsere Zuflucht, unsere Kraft, unser einzig trockenes Haus. Zu Messe, Segen und Novene drängten wir uns in dicken, feuchten Klumpen zusammen, durchdösten das Geleier des Priesters, und wieder stieg Dampf auf von unseren Gewändern, um sich mit der Süße von Weihrauch, Blumen und Kerzen zu mischen. Limerick war für seine Frömmigkeit berühmt, aber wir wussten, es war nur der Regen.« – Warum eigentlich »nur«? Wäre Regen allein denn kein angemessener Grund, in die Kirche zu gehen? Wäre ein mystischer Drang zu den Sakramenten wertvoller? Wer will die Motivation eines Gläubigen beurteilen? Wenn jemand nur kommt, um Bekannte zu treffen, um nicht allein zu sein, um unterhalten zu werden – why not? Wenn sich in meiner Heimatgemeinde in der Nähe von Düsseldorf, wo ich aufgewachsen bin, nur etwa 30 Menschen zur Frühmesse einfanden (Durchschnittsalter 75), dann moserte manchmal der Priester, der Aufwand lohne ja nicht und eigentlich könnte man den Gottesdienst ausfallen lassen. Wenn in der evangelischen Nachbargemeinde 30 Leute zum Sonntagsgottesdienst erschienen, pries sich der Vikar glücklich über den überdurchschnittlichen Besuch. Alles ist relativ, oder wenigstens das meiste. Nicht nur Größenverhältnisse, auch Inhalte. In einer Zeitung schnappte ich einmal eine witzige

Definition des Wortes »Ungläubiger« auf. Sie lautete ungefähr so: In Rom jemand, der nicht der christlichen Religion angehört. In Mekka jemand, der ihr angehört.
Ein ungläubiger Jude betet in der Synagoge und weint. »Was heult ihr da, wenn ihr nicht an Gott glaubt?«, fragt ihn einer. »Es gibt zwei Möglichkeiten«, entgegnet der weinende Atheist, »entweder bin ich im Unrecht und es gibt Gott doch – dann hat man schon allen Grund zu klagen und zu weinen. Oder aber ich habe recht und es gibt ihn nicht – dann hat man erst recht Grund, darüber zu weinen!«
Dieser dialektische Umgang mit der heiklen Materie, das Bilden von Thesen, Antithesen und Synthesen, das Philosophieren, Debattieren, Dogmatisieren ist ein möglicher Weg, der von Anhängern aus allen Religionen beschritten wird. Das Gros des Volkes macht es sich leichter. Idealtypisch soll hier der »kölsche Christ« erwähnt werden, der einzigartig die »Hintertür-Methode« beherrscht. Die Kabarettisten Jürgen Becker und Martin Stankowski kennzeichnen sie so:

Das heißt,
man sollte schon so leben,
dass wenn es Gott gibt,
man dann so gerade noch in den Himmel reinkommt.
Sonst wär das ja blöd.
Aber für den Fall,
dass sich herausstellt,
den gibt es gar nicht,
das hat man sich alles nur ausgedacht,
dann lassen wir doch auch den Kopf nicht hängen.
Dann freuen wir uns doch,
dass wir diese ganzen herrlichen Sünden
alle mitgenommen haben,
die das Leben so bunt und interessant machen.
›Wir sind alle kleine Sünderlein.‹

Alle? In einem Aphorismus Georg Christoph Lichtenbergs heißt es knapp, er stelle sich den Himmel langweilig vor. Gar keine Bekannten. – Und Millor Fernandez meinte einmal (wahrscheinlich im Hinblick auf eine durchschnittliche Gemeinde): »›Glücklich sind die geistig Armen, denn ihrer ist das Himmelreich‹ – mein Gott, wenn dieser Satz zutrifft, dann leben wir ja bereits im Paradies.« Lauter Lästermäuler! Albert Schweitzer stellte mit moralisch erhobenem Zeigefinger (und einem Zwinkern) fest: »Wer glaubt, ein Christ zu sein, weil er die Kirche besucht, irrt sich. Man wird ja auch kein Auto, wenn man in eine Garage geht.«

Aber geht es denn ohne Kirche? Was ist das nur für ein Gebilde? »Kirche: Gebäude, wo der Pfarrer Gott verehrt und die Frauen den Pfarrer.« – Welch bittere Erfahrung hat Ambrose Bierce wohl zwischen 1842 und 1914 in Amerika sammeln müssen, dass ihm einzig diese desillusionierte Definition blieb?

Ob die Kirche aufgrund göttlichen Willens entstand, darüber mögen die Gelehrten streiten. Aber sie ist nun einmal da. Nicht mehr so potent wie vor tausend Jahren, aber doch nicht ohne Vitalität. Allerdings schleppt sie, wie das Senioren bisweilen gerne tun, einen Haufen Erinnerungsstücke mit sich herum. Und diese Last behindert sie, mit der Zeit Schritt zu halten. Auch meine selige Großmutter Sibylle sammelte in ihrem Wohnzimmerschrank allerhand Kitsch: Gestecke aus Strohblumen, Schnapsgläser mit Städtewappen, das Miniatursteuerrad eines Segelschiffes. Als Oma das Zeitliche segnete, nahmen wir die Segnungen der städtischen Müllabfuhr in Anspruch.

Im Unterschied zu ihr lebt die Kirche noch, doch sie benimmt sich etwas verstockt: sie vergisst nie etwas und trennt sich nur schwer von lieben Gewohnheiten. Das führt zu eigenwilligen Verhältnissen. Die Kirche mistet

nicht aus, sondern – um im Bild von Oma Sibylle zu bleiben – hortet das Zeug, schiebt die verstaubten Mitbringsel weiter nach hinten in die Vitrine und sammelt unbekümmert weiter. Greifbaren Ausdruck findet diese Geisteshaltung in der Flut von Nippesartikeln.
Man wendet ein: Nach dem Zweiten Vatikanischen Konzil sei doch im Katholizismus abgespeckt worden. So wurden die Tomba (eine Sargattrappe, die bei der Totenmesse in der Kirche stand) oder das Manipel (eine Art liturgisches Schweißtuch, das jedoch ob seiner Beschaffenheit aus besticktem Brokat seinen Zweck nur symbolisch erfüllen konnte) ersatzlos gestrichen. Manches wurde vereinfacht, gestrafft, gekürzt. Doch das meiste ist geblieben. Als wenn sich ein Abnehmwilliger großzügig dazu durchringen würde, auf das sechste Stückchen Zucker zu verzichten. Aber würde eine radikale Abspeckung nicht in protestantischer Strenge enden? Dort reichte die verordnete Schlichtheit fast an die Schmerzgrenze (Calvin schaffte einst in Genf den nichtsnutzigen Kirchengesang samt Orgelklang ab, das Wort allein sollte genügen). Evangelische Gemeinden erkennen aber heute zunehmend die Kraft katholischer Symbole und führen (wieder) die Osterkerze, die Stola oder die Salbung von Kranken ein. Zeichen wollen gespürt sein, mit Leib und Seele, nicht nur mit dem Verstand. Wo ist die gesunde Mitte?
Bestimmt nicht im Vatikan, diesem »sakralen Disneyland« (wie einmal ein Spötter bemerkte). Viel wird dort für die Sinne geboten, die über die Pracht staunen können: die beeindruckende Architektur des Petersdoms, Kunstwerke aus dem Kulturerbe der Menschheit, ästhetische Gottesdienstformationen ... Was in der Durchschnittsgemeinde daheim zu oft nachlässig gehandhabt wird, bekommt man in Rom in Perfektion geboten: das ganze Arsenal der liturgischen Geräte und der hierarchischen Bekleidung. In Slip und Unterhemd mögen sich

Kardinal und Diakon noch gleichen, ab den Socken erkennt man den Grad des Amtes. Wer etwas auf sich hält und es sich leisten kann, lässt die alteingesessene Firma Gammarelli an der Piazza S. Chiara für sich schneidern. Auch der Heilige Vater ist dort Kunde; er muss sich allerdings nicht auf den Weg in den Laden machen, sondern kommt in den Genuss von Hausbesuchen. Übrigens halten die Gammarellis für jede Papstwahl drei weiße Soutanen bereit: eine kleine, eine mittlere, eine große. Bei Johannes XXIII. soll keine gepasst haben; alle zwickten am Bauch. »Das sind also die ersten Einschränkungen als Papst«, seufzte er schmunzelnd. Für den Auftritt der ersten Segensspendung von der Loggia wurde die Rückennaht geöffnet, erzählt die Überlieferung.
Bei Gammarelli liegen die wertvollen Stoffe in Ballen; die Farbauswahl jedoch ist begrenzt und nicht an der aktuellen Mode orientiert: Seine Heiligkeit trägt Weiß, Kardinäle Rot, Bischöfe Violett und dem einfachen Priester bleibt nur das Schwarz. »Aber die Farbe ist ja nicht alles, jedes Mützchen, Quästchen und Bömmelchen hat seine Tradition. Eine Kardinalsrobe beispielsweise wird vorn von rund 30 winzigen Knöpfchen zugehalten [33, um genau zu sein, für jedes Lebensjahr des Herrn eines; G.S.], und alle Knopflöcher sind von Hand umsäumt. Darüber kommt die ›Rochetta‹, ein weißes Chorhemd mit Spitzenbesatz, und über die Schultern wird die ›Mozetta‹ gelegt, ein kleiner, seidener Umhang in Rot. Eine glänzende Schärpe umschlingt den Kardinalsbauch, und auf den Kopf kommt entweder das rote ›Pileolus‹-Käppi oder ein Birett. ›Die sind aus Karton gefertigt und mit roter Moiré-Seide überzogen‹, erklärt Filippo Gammarelli und zieht einen Stapel Birette aus der Schublade hervor. Unscheinbar platt liegen sie da, von einem Gummiband zusammengehalten, bis Filippo das oberste – flappflapp – zu einem viereckigen Hut aufbiegt und die drei charakteris-

tischen Höcker ausstülpt.« (An diesen wundersamen Erlebnissen lässt uns Dela Kienle teilhaben.)
Leider kommt der Laie nicht in den Genuss dieser religiösen Accessoires. Ihm bleiben nur so prosaische Dinge wie Weihwasserbeckchen, beleuchtete Heiligenfiguren und Klapp-Ikonen für die Handtasche. Oder er darf mit einem Gebrauchsgegenstand wie dem Rosenkranz umgehen, den in unserer postmodernen Epoche kaum noch ein Katholik betet; nur wenn er zum Leichnam geworden ist, bekommt er ihn um die gefalteten Hände gewunden. Oma Male schwor auf den Rosenkranz als untrügliches Schlafmittel – und dann beklagte sie sich eines Nachts, wegen etwas Kratzigem im Rücken erwacht zu sein: es war ihr Rosenkranz ... Der Devotionalienhandel in der Ewigen Stadt versorgt Pilger aus aller Welt mit papstbedruckten Kugelschreibern und Taschenrechnern, mit phosphoreszierenden Marienfiguren, der Pietà aus Gips und Umhängekreuzchen von Weißblech bis Platin.
In Deutschland gibt es keinen Gammarelli, aber in Essen lädt die Fachmesse Ecclesia ein, religiösen Bedarf für alle Ansprüche und Gelegenheiten zu bestaunen und zu erwerben. Wie wäre es mit handgewebten Messgewändern oder Dinkelhostien, rußfreien Altarkerzen oder einem Weihrauchfass, das statt auf Kohle auf einer akkugeladenen Heizplatte die duftenden Harzkörner verbrennt? Gekreuzigte in reiner Handarbeit gehören ebenso zum Angebot wie Kelche, auf die gern jahrzehntelange Garantie gegeben wird. Schlager im Jahr 2001: Frühstücksbrettchen, in die flotte Sprüche gebrannt werden. Beispielsweise: »Kirche find ich gut«. Übrigens gibt es auch eine Welt des jüdischen Kitschs: da werden beispielsweise für den gesetzestreuen Hund koschere Polyesterknochen angeboten oder Hundekuchen in Form eines Davidsterns ...

Das Servicepersonal

Im Vatikan erzählt man sich gern kleine Geschichten wie diese: Monsignore Bettino stirbt und kommt in den Himmel. Dort trifft er auf den Heiligen Geist, der ihn nach seinem Namen fragt. Etwas beleidigt antwortet er: »Ich bin doch Monsignore Bettino!« Einen solchen kenne er nicht, gibt der Heilige Geist zurück. – Aber er habe zwanzig Jahre lang in der römischen Kurie gewirkt, beteuert der ehrwürdige Prälat. Darauf der Heilige Geist: »Ach so, da bin ich noch nie gewesen!« –

Ob Priestern, Pfarrern, Popen, auch jüdischen Rabbinern und muslimischen Hodschas oder Derwischen, buddhistischen Mönchen und hinduistischen Asketen: den Wortführern der Religionen begegnete man immer schon zwiespältig. Zwar schätzt man sie als Lehrer und Vorbilder im Glauben, ehrt sie als öffentliche Vertreter der Religion. Doch was sie auch tun und lassen, es wird registriert. Und so sprudelt eine unerschöpfliche Quelle des Tratsches. Wenn sie ihre Rolle als Zeremonienmeister der heiligen Rituale nicht gut erfüllen oder im Alltag eine fromme Regel verletzen, spart die fromme Gemeinde nicht mit Kritik und Häme. Verehrung schlägt eben schnell in Verachtung um.

Der Unterhaltungswert der Kleriker besteht vor allem darin, dass sie dem Volke eine Projektionsfläche bieten: der Kleriker ist die personifizierte Religion. In einem Menschen aus Fleisch und Blut werden alle Widersprüche zwischen Ideal und Realität offenbar. Schon Jesus von Nazaret warnte vor jenen, die sich gern in ihren Talaren zeigen und auf der Straße respektvoll grüßen lassen, die beim Gottesdienst in der ersten Reihe sitzen und besonders laut und lange beten. Der dänische Philosoph Sören

Kierkegaard beobachtete im 19. Jahrhundert: »In der prachtvollen Domkirche erscheint der hochwohlgeborene, hochehrwürdige Geheime-General-Ober-Hof-Prediger, der vornehmen Welt auserwählter Günstling, er erscheint vor einem auserwählten Kreis Auserwählter und predigt gerührt über den von ihm selbst ausgewählten Text: ›Gott hat das Geringe und Verachtete in der Welt erwählt‹ – und da ist niemand, der lacht!«

Ja, manches bietet uns die Gelegenheit zu hämischem Lachen: Wenn die Zeitungen im Frühjahr 2002 darüber berichten, dass ein italienischer Kardinal wegen illegaler Umbauarbeiten und Steuervergehen rechtskräftig verurteilt wird, dann freut sich der Gerechtigkeitssinn: Kleriker zu sein schützt vor Strafe nicht. Und auch nicht vor Torheit: ein evangelischer Militärgeistlicher aus Österreich posierte für ein Sexmagazin. Er trat von seinem Amte zurück, bevor die Kirchenleitung ihn entfernte.

Und man vergisst schnell. Solche Geschichten erheitern in jenem Augenblick, da wir sie hören. Erinnern wir uns denn noch an jenen afrikanischen Erzbischof Emmanuel Milingo, der im Sommer 2001 fast täglich die Zeitungsseite »Aus aller Welt« bereicherte, weil er Maria Sung aus der Mun-Religionsgemeinschaft geheiratet hatte, seine Akupunkturärztin? Würde das gut gehen, bangte damals der Beobachter am Frühstückstisch. Würde man den beiden das Glück gönnen? Auf hierarchischen Druck ließ Milingo diese Ehe (die sogar seitens des Vatikan als solche bezeichnet wurde) wieder ruhen. Man schmunzelte vielleicht über diesen 71jährigen Schürzenjäger, der eine fast 30 Jahre jüngere Geliebte gefunden hatte. Als der Kirchenfürst in ein Kloster verbannt wurde, protestierte seine Vermählte medienwirksam auf dem Petersplatz. Die Kommentatoren spekulierten über den Schaden, den diese Seifenoper der Kirche zugefügt habe. In der Frankfurter Rundschau vom 31. August 2001 hieß es:

»Tatsächlich hat diese merkwürdige Love-Story dazu geführt, dass die katholische Kirche in bisher für völlig undenkbar gehaltene offene Verhandlungen mit einer Sekte treten musste. Sowohl Milingo als auch Sung waren am Schluss nach Ansicht von Beobachtern nur noch Marionetten der beiden Seiten.« – Hätte uns das alles aber überhaupt interessiert, wenn Emmanuel Milingo Verkehrsminister der Elfenbeinküste gewesen wäre und nicht ein Erzbischof?

Wir merken immer dann auf, wenn Anspruch und Wirklichkeit auseinander klaffen. Das ist selbstverständlich kein rein christliches Problem. Im Mai 2002 nahm im Parlament von Bangkok ein buddhistischer Mönch Geiseln und schoss mit einer Kalaschnikow um sich: in die laufenden Kameras hinein beschwerte er sich darüber, dass man ihm vor sechs Jahren Unrecht getan und der Staat seine Klagen darüber nicht beachtet habe. Das Prädikat »sanftmütig« hat diese Aktion wohl nicht verdient. Der Missionswissenschaftler Georg Evers berichtete im gleichen Monat in der angesehenen Herder Korrespondenz über den thailändischen Buddhismus und wies auch darauf hin: »Der Lebensstil einiger herausragender Mönche hat Formen angenommen, die in keiner Weise mit den Mönchsgelübden, aber auch nicht mit normalen buddhistischen Moralvorstellungen zu vereinbaren sind. So gibt es Mönche, die privat mehrere Luxuswagen besitzen, ein sehr freizügiges Sexualleben führen und sich für ihre spirituellen Dienste finanziell exorbitant entlohnen lassen.«

Wasser predigen und Wein trinken, das kommt nicht gut an. Wobei das Weintrinken allein noch verzeihlich wäre. Die sexuellen Abenteuer hingegen werfen ein grelles Licht auf alle Asketen. Und dabei gilt: für denjenigen, der Enthaltsamkeit verspricht, ist gleich jedes sexuelle Tun eine sträflich Eskapade, angefangen beim Betrachten von Pornofilmchen, endend bei der Sodomie, dem Beischlaf

mit Tieren (soll im Mittelalter in europäischen Klöstern häufig praktiziert worden sein).
Gerechterweise müssen wir jedoch zugeben, dass der katholische Zölibat auch immer als ein begehrter Quell schlüpfriger Witze diente. So erzählt die Anekdote, der Bischof besichtige das Pfarrhaus, schließlich zeigt man ihm das Schlafzimmer. Darin ein großes Doppelbett, in der Mitte ein aufrecht stehendes Brett. Wie er das verstehen solle, fragt der Bischof. Der Pfarrer erklärt: »Ich schlafe links, die Haushälterin rechts.« Aber was er denn mache, wenn ihn die fleischlichen Gelüste überkämen. Der Pfarrer antwortet gelassen: »Dann tun wir das Brett halt weg!«
In Tübingen traf ich einmal morgens auf dem Marktplatz einen Professor. Er – ein bekennender Atheist – klagte: »Die katholischen Priester haben's gut.«
Natürlich wollte ich wissen, was ihn zu diesem Schluss führe.
»Die müssen nicht heiraten.«
Womit für mich klar war: bei denen hatte es am Frühstückstisch wieder gekracht ...
Ob sie es wirklich so gut haben? Man sagt ja, ein katholischer Priester sei ein Mann, zu dem alle Vater sagen dürfen, außer seine eigenen Kinder. Und man sagt auch, die Diözesen würden es unterschiedlich handhaben, wieviele Kinder einem Priester alimentiert werden, bevor er zu teuer wird. Als der Pfarrer gefragt wurde, zu wem die Kinder im Pfarrhof gehörten, antwortete er, das seien die Neffen seines Bruders ... Aber dies alles sind Spielereien. Fast ernten die Würdenträger noch unsere Sympathie dafür, dass sie so menschlich handeln, so fehlbar. Dass sie, allen Gelübden und Vorsätzen zum Trotz, dem normalen Durchschnittszeitgenossen so verwandt sind.
Da bemerkte jemand mal trocken: »Wem Gott ein Amt gibt, dem gibt er auch Verstand. Nur werden die Ämter

leider nicht von Gott vergeben.« Ja, in der Kirche geht es nicht anders zu als in der Welt: Nicht der Klügste wird Bürgermeister, sondern der, der sich geschickt gegen seine Konkurrenten durchzusetzen weiß. Nicht der beste Lehrer wird Direktor, sondern jener, der mit dem Chef der Schulbehörden auf Du und Du steht. Und nicht der Frömmste wird Bischof, nicht der beste Seelsorger oder eifrigste Theologe, sondern derjenige, dem man am besten zutraut, mit Geld umzugehen, der sich der kirchlichen Obrigkeit gegenüber immer loyal zeigt und die offiziellen Anliegen der Kirche zu vertreten weiß.

Nun, es bereitet auch Wonne, das himmlische Bodenpersonal zu kritisieren. Das war schon immer so: Wer den Kopf aus der Menge emporhebt, bekommt eins über die Rübe. Besonders zu goutieren ist solche Kritik, wenn sie ein Vertreter dieser Zunft selbst vorbringt. Abraham a Santa Clara, im 17. Jahrhundert Oberhofprediger zu Wien, liebte und beherrschte die klare Ausdrucksweise. Er schalt seine Amtsbrüder weniger ob ihrer kläglichen Rede, sondern wegen ihres Lebenswandels. Er sagte: »Gewiss ist es nicht recht, wenn ein Knecht Gottes eine halbe Stunde am Tag den Kelch in Händen hält und die übrige Zeit den Becher schwingt, wenn ein Geistlicher öfter die Karten als die Seiten des Breviers umblättert, wenn er die Beichtkinder von den Sünden losspricht und selber flott drauflos lebt. Ebenso ist es tadelnswert, wenn er dem Spiel ergeben ist und mehr an die Augen der Würfel als an die Augen Gottes denkt; wenn er seine Gemeinde zur Andacht ermahnt, doch, was seine Person betrifft, es der Glocke nachtut, die andere in die Kirche lockt, selbst aber draußen bleibt.« – Einer solchen Schimpfpredigt könnte man noch lange lauschen. Und vielleicht würde gerade ein solcher mit allen Wassern gewaschener Pfarrer vortrefflich unterhalten.

Aus Bayern stammt die kleine Arabeske, nach der dem

Seppl sein Motorrad nicht anspringt. Er flucht: »Himmikreizkruzitürkensakrament, Scheißglump, elendigs.« Der Pfarrer geht eben vorbei und mahnt ihn: »Nicht fluchen, Seppl, sag lieber: Herr Gott, hilf mir.« Seppl sagt's, das Motorrad springt an, er braust davon. Und der Pfarrer kann nur staunen: »Himmikreizkruzitürkensakrament, dass dees so wirkt!«

Wo aber sollen solche Geistlichen zu finden sein? Heute finden wir doch eher den Typ Hardliner vor, der die Augen vor der Welt von heute verschließt, der immer wieder die Lösungen von Gestern anbietet und sich wundert, dass der Einfluss der Religion sinkt. Und da ist der Typ »Schleimi« auf der anderen Seite: ein anpassungsfähiger Manager, der auch in anderen Branchen Karriere hätte machen können; er lebt seine Berufung als Job, schämt sich außerhalb des kirchlichen Dunstkreises für seinen Arbeitgeber. Und seine Frömmigkeit reduziert sich auf die intellektuelle Erkenntnis, dass sich »Glauben augenblickshaft ereigne«.

Dass jedoch auch dieses kein christliches Problem allein ist, zeigt ein jüdischer Witz:

Kohn hat sich einen neuen Maserati gekauft; elfenbeinweiß, rote Polsterung, zweihundertsechzig Stundenkilometer. Kohn will, dass der Rebbe seinen Segen über den Wagen spricht: »Rebbe, ich hab gekauft einen neuen Maserati. Ich bitte dich, sprich über ihn eine Broche [den Segen].«

Doch der Rabbi fragt: »Was ist das: Maserati?«

»Ein Auto mit acht Zylindern.«

Der Rebbe fasst sich an den Kopf: »Bist du meschugge? Was braucht ein Auto acht Hüte? Mit diesem Teufelszeug will ich nichts zu tun haben.«

Kohn probiert es beim aufgeklärten Reformrabbiner: »Rebbe, ich hab gekauft einen neuen Maserati ...«

Der Rebbe fällt ihm ins Wort: »Was Sie nicht sagen? Etwa

das elfenbeinweiße Modell mit roten Polstern, acht Zylindern und 260 Höchstgeschwindigkeit?«
»Genau. Würden Sie mir wohl sprechen eine Broche?«
Der Rebbe beißt sich auf die Lippe: »Broche – was ist das?«
Ein Geistlicher, wie man ihn sich vorstellt, ist ein bescheidener Mensch. »Ein deutscher katholischer Bischof ist jemand, der über Armut spricht. Ein französischer Bischof ist jemand, der arm ist«; auf diesen Unterschied weist Alfred Grosser hin. – Und als der Derwisch mit seinem Sohn am Wegesrand steht, wie gerade ein Leichenzug vorbeigeht, fragt der Sohn, wohin sie den Toten tragen würden. Der Derwisch gibt eine lyrische Antwort: »An einen Ort, wo es weder Essen noch Trinken gibt, wo kein Wasser, kein Brot, kein Holz und kein Feuer, keine Matte und kein Teppich ist.« Der Sohn entgegnet: »Dann tragen sie ihn also zu uns?!«
In Judentum und Islam gilt zwar der Grundsatz, dass Reichtum nicht vom Glauben an Gott ablenken dürfe, doch Armut ist kein erstrebenswertes Ziel an sich. Christliche und buddhistische Mönche, auch indische Asketen, verpflichten sich zu ihr, weil sie im Besitz Gefahren für das Seelenheil wähnen. Doch scheint das der conditio humana zu widersprechen; der Geist mag willig sein, das Fleisch aber schwach. Der Mensch drängt zum Haben. Wie streng jedoch sollte das Gelübde ausgelegt werden?
Mir erzählte einmal eine betagte Nonne, eine Mitschwester – ehemalige Bäuerin – habe erst als reife Frau den Schleier genommen, als sie nämlich verwitwet und die Kinder längst mit Kindeskindern gesegnet waren. Während ihres Noviziates sah man sie öfters beim Frühstück weinen. Von der Oberin zur Rede gestellt bekannte sie: »Sechzig Jahre lang bekam ich zum Frühstück gute Butter aufs Brot, und jetzt, als alte Frau, muss ich mit Margarine auskommen.« Schalt die kluge Oberin sie?

Nein, sie bekam allmorgendlich ihre Extraportion Butter gewährt.
Überhaupt Nonnen! Sie bezeugen durch ihre Tracht religiöse Präsenz in dieser Welt. Zwar sind die Zeiten vorbei, da evangelische Pfarrer den Norwegerpullover quasi als Amtsgewand trugen, aber man sieht ihnen ihr Pfarrersein nicht an. Bei den katholischen Priestern ist die Soutane auch aus der Mode gekommen. In einer rheinischen Gemeinde verspürte unlängst der Pastor (den man hier so nennt) ein eigentümliches Bedürfnis und legte sich einen vornehmen Talar mit 33 Knöpfen zu, mit dem er lächelnd durch den Ort schritt. Im Seniorenclub begrüßte man ihn fröhlich mit »Helau« und »Alaaf«-Rufen. (Heute trägt er wieder Jeans und Hemd und fährt einen Sportwagen.) Einzig die Geistlichen der Heilsarmee, dem Rang nach Offiziere (beiderlei Geschlechts; Frauen stehen alle Ämter offen), zeigen in der Öffentlichkeit mit ihrer Uniform Flagge: Schirmmütze und Schulterklappe signalisieren, dass hier jemand im Auftrag einer Institution unterwegs ist. Doch könnte der unbedarfte Bürger sie auch mit einem Verkehrspolizisten oder Schaffner verwechseln.
Die Nonnen sind da eindeutiger: sie stehen mutig zum Zeichen des Schleiers. Schwester Gepardis aus dem Ruhrgebiet, vom Orden zur Mission nach Cottbus abkommandiert, weiß von harschen Reaktionen zu berichten. Im Krankenhaus zischte eine Patientin sie an: »Satan, geh weg!« Und eine alte Frau fragte leise, als die Schwester die Zimmertür öffnete: »Ist es schon so weit?« – Was ein Schleier doch auszurichten vermag. Positiv schlägt auch zu Buche, dass sich traditionell gekleidete Musliminnen von Nonnen verstanden fühlen: ein Schleier verbindet. Man würde jedoch seine Wirkung überschätzen, wenn man für wahr hielte, was vor einigen Jahren die Presseagenturen über Telex verbreiteten, als bei den Wahlen zur schönsten Frau der Welt eine Dame aus der Dominikani-

schen Republik gewonnen hatte: »Dominikanerin Miss World!«

Man mag die Dienste von Ordensschwestern anerkennen, doch viele Leute sind noch vom Vorurteil geprägt, bei dieser Spezies handle es sich um einfältige, bigotte Landpomeranzen, die keinen Mann abbekommen haben. So kann nur reden, wer etwa noch nie den Namen der Teresa von Avila gehört hat, einer Ordensgründerin, Mystikerin und großen Feministin des 16. Jahrhunderts. Bei aller Versenkung in das Geheimnis Gottes, zu der sie fähig war, blieb sie doch dort weltlich, wo es ihr angebracht schien. Von ihr stammt das Bonmot: »Wenn fasten, dann fasten, wenn Rebhuhn, dann Rebhuhn!«

Ähnlich pragmatisch agierte auch Schwester Cäcilie, die immer die Alten und Kranken auf den Dörfern besuchte. Einmal blieb ihr Käfer mitten auf der Landstraße liegen; Sprit alle. Der nächstgelegene Bauernhof konnte ihr zwar Benzin, jedoch keinen Kanister anbieten. Kurzentschlossen füllte sie den Brennstoff in einen Nachttopf und eilte zu ihrem Wagen. Während sie den Tank befüllte, hielt neben ihr ein LKW. Der Fahrer drehte die Scheibe runter, betrachtete das Tun der Ordensfrau und sagte dann ergriffen: »Ihren Glauben möcht' ich haben!« – Was die Schwester tat, war unorthodox, aber erfolgreich. Davon handeln ungezählte Lehrgeschichten in den Religionen. Einige stammen aus unterschiedlichen Kulturen, doch die Pointe ist die gleiche. Immer bestürmen die Gläubigen die Weisen mit ihren alltäglichen Sorgen und Nöten; sie erbitten Rat und Hilfe. Und meistens bieten die Mönche, Lehrmeister oder Rabbiner keine frommen Sprüche, sondern Gleichnisse aus dem prallen Erdendasein, die leicht eingängig sind.

Nehmen wir als Beispiel eine Geschichte, die es in jüdischer, buddhistischer und muslimischer Variante gibt: Der arme Hassan, ein Kameltreiber, muss mit seiner Frau

und seinen sieben Kindern in einer winzigen Hütte hausen. Die Enge wird unerträglich, und Hassan wendet sich verzweifelt an den Weisen Ibrahim. Er trägt dem Erhabenen seine Not vor. Ibrahim erkundigt sich, ob Hassan Geschwister habe. Ja, habe er, doch die seien selbst Eltern und hätten keinen Platz. Ibrahim rät Hassan, noch vier Nichten und Neffen in seinen Haushalt zu nehmen und nach einer Woche wieder zu kommen. »Gehenna«, klagt Hassan am Ende der Woche, »die Hölle dünkt mich ein Paradies: die Enge bringt uns um.« Ob Hassan Hühner oder Gänse besäße, fragt der Weise Ibrahim. Hassan nickt. Ibrahim befiehlt, sie mit in die Hütte zu nehmen und nach einer Woche wieder zu kommen. Hassan findet in dieser Woche keinen Schlaf. Was aber begehrt der Weise Ibrahim zu wissen: Ob nicht eines der Kamele ein Junges geworfen habe. Hassan erbleicht. Er solle es mit ins Haus nehmen und nach einer Woche wieder kommen. Am Ende jener Woche kann Hassan nicht mehr sprechen, nur noch schluchzen. Aber der Weise Ibrahim tröstet ihn: »Du hast die Prüfungen bestanden. Nun schicke die Nichten und Neffen heim und treibe die Tiere zurück in den Stall. Komm morgen zurück.« Am folgenden Tag küsst Hassan dem Weisen die Füße. Groß wie ein Palast sei seine Hütte geworden, er überlege mit seiner Frau, ob nicht Platz für ein achtes Kind sei.
Solches funktioniert freilich nur, wenn die Weisen wirklich weise sind und die Gläubigen blindes Vertrauen in ihre Führer haben. Davon kann heutzutage keine Rede mehr sein. Die Gläubigen treten eher mit allerlei Wünschen an ihre Amtspersonen heran, doch ihnen gerecht zu werden, das ist schlichtweg unmöglich: sie sollen konservativer und fortschrittlicher sein, volkstümlich und intellektuell, mehr nach außen gehen und mehr nach innen wirken, die Jugend bewegen, die Alten einbinden, Angebote für Erwachsene im Programm haben, sich um die

Kinder kümmern. Vor dieser Überforderung muss man die Kleriker in Schutz nehmen. Allerdings verspielen sie jeden Kredit, wenn sie sich in arroganter Art und Weise über die Gläubigen erheben (von denen sie ja ernährt werden).

Den »idealen« Vertreter der Religion, der immer und überall ankommt, wird es kaum geben können, da sich die Ansprüche und Bedürfnisse immer und überall unterscheiden. Zeitlos aber ist die Forderung, Würde und Frömmigkeit nicht zur Schau zu stellen. Eine indische Geschichte erzählt, wie Narada zur Demut belehrt wurde:

»Narada wurde einmal von Hochmut ergriffen, dass er meinte, es gäbe keinen frömmeren Menschen als ihn. Da der Herr seine Gedanken erriet, sprach er zu ihm: ›Narada, gehe an den und den Ort, da lebt ein großer Gottliebender. Suche seinen Umgang. Er ist mein wahrer Jünger.‹ Narada ging hin und fand einen Bauern. Der erhob sich in aller Frühe, sprach den Namen des Gottes Hari einmal aus, nahm dann seinen Pflug, ging aufs Feld und pflügte den ganzen Tag. Abends, bevor er sich schlafen legte, nannte er den Namen Gottes noch einmal.

Narada dachte bei sich: Wie kann dieser Bauer ein Gottliebender sein? Ich sehe ihn seinen weltlichen Verpflichtungen nachgehen, und nichts deutet bei ihm auf einen Frommen.

So ging der Weise zum Herrn zurück und sagte ihm, was er von seinem neuen Bekannten hielte. Doch der Herr sprach: ›Narada, nimm diese mit Öl gefüllte Schale, mache mit ihr die Runde der Stadt und kehre damit zurück, aber hüte dich, auch nur einen Tropfen zu verschütten.‹

Narada tat, wie ihm geheißen war, und als er zurückkam, fragte ihn der Herr, wie viele Male er bei diesem Rundgang seiner gedacht habe. ›Nicht ein einziges Mal, o Herr, denn wie hätte ich es tun können, da ich meine ganze

Aufmerksamkeit auf dies bis zum Rand gefüllte Gefäß richten musste?‹ Darauf der Herr: ›Diese eine Schale mit Öl nahm deine Aufmerksamkeit so sehr in Anspruch, dass du mich darüber völlig vergaßest. Nun sieh diesen Bauern, der sich meiner täglich zweimal erinnert, obgleich die gewaltige Bürde seiner weltlichen Pflichten auf ihm lastet.‹«

Nicht gerade demütig, eher illusionslos soll der große protestantische Theologe Friedrich Schleiermacher, der mit seinem Buch »Über die Religion. An die Gebildeten unter ihren Verächtern« (1799 erschienen) berühmt wurde, einmal trocken auf das Lob für den enormen Zulauf zu seinen Predigten reagiert haben: »Ach, wissen Sie, mein Publikum setzt sich aus drei Gruppen zusammen: Studenten, Damen, Offiziere. Die Studenten kommen, weil ich Mitglied der Examenskommission bin. Die Damen kommen der Studenten wegen und die Offiziere wegen der Damen.«

Einzig die idealen Kleriker der Literatur sind wirklich unterhaltsame Helden: Denken wir nur an den starken Roman »Der Kardinal« von Henry Morton Robinson, an »Das Tagebuch eines Landpfarrers« aus der Feder von Georges Bernanos oder an Colleen McCulloughs tränentreibende Story »Dornenvögel«; Morris L. West erzählt die ergreifende Geschichte »In den Schuhen des Fischers«, glänzend verfilmt mit Anthony Quinn, und vom Fernsehen gern am ersten Weihnachtstag ausgestrahlt ... Aber wen reizt all diese Dramatik, in den klerikalen Stand einzutreten? Wir wissen doch: die fiktiven Religionsvertreter bewundernd oder die reellen schadenfroh grinsend zu beobachten ist leichter, als mit ihnen zu tauschen. Das gilt besonders für die höchsten Posten, wie dieser Scherz erzählt, der in den Weiten des australischen Kontinents spielt:

Dorthin fliegt der Heilige Vater und zelebriert in den

Großstädten Messen. Von Stadt zu Stadt chauffiert ihn ein Fahrer. Der Papst bittet ihn einmal: »Seit ich Papst bin, darf ich nicht mehr ans Lenkrad. Aber früher fuhr ich so gern. Können wir nicht mal tauschen?« Also gut, der Chauffeur geht auf die Rückbank, der Papst braust los und wird auf dem Highway wegen Geschwindigkeitsüberschreitung angehalten. Der Polizist beugt sich ans Fenster, guckt betreten und funkt an die Zentrale: »Chef, hier ist einer zu schnell gefahren, aber das ist ein wichtiger Mann.«
Antwort: »Egal, er muss eine Strafe zahlen.«
Der Polizist zögert: »Chef, der Mensch ist aber sehr wichtig.«
Antwort: »Und wenn's der Verkehrsminister wäre. Er muss zahlen!«
Der Polizist beugt sich noch einmal ins Autofenster, funkt: »Chef, der Typ scheint aber sehr, sehr wichtig!«
Antwort: »Zahlen, sage ich, und wenn es der amerikanische Präsident sein sollte.«
Ein letztes Mal wirft der Polizist einen Blick in den Wagen und gibt verzagt durch: »Er ist wichtiger.«
Antwort: »Verdammt noch mal, wer um alles in der Welt soll das denn sein?«
Der Polizist zieht die Schultern hoch: »Weiß ich auch nicht. Auf jeden Fall kann er sich den Papst als Chauffeur leisten.«

Und die Moral von der Geschicht' ...

»28.11.1762: Ging in die St.-James-Kirche zum Gottesdienst und hörte eine gute Predigt über das Thema: ›Wie soll ein junger Mann lernen, seinen Weg zu gehen?‹, in der die Vorzüge früher Frömmigkeit überzeugend dargelegt wurden. Wie unbeständig ist doch die Seele des Menschen! Mitten in der erbaulichen Predigt überlege ich mir, wie ich am besten an Frauen herankomme, und hatte gleichzeitig die aufrichtigsten religiösen Empfindungen. Ich glaube, dies hat mit meiner mangelnden Glaubensfestigkeit zu tun – deshalb empfinde ich alle Gefühle auf einmal. Ich würde gern mehr Beständigkeit besitzen. Ich habe ein warmes Herz und eine sehr lebhafte Phantasie. Deshalb bin ich anfällig für die Liebe, aber auch für Frömmigkeit und Dankbarkeit gegenüber Gott; ich habe eine Schwäche für prunkvolle öffentliche Gottesdienste.« –

Dies notierte vor fast 250 Jahren in London der Schotte James Boswell, ein adeliger Lebenskünstler, in sein Tagebuch. Der Jurist betätigte sich als Weltenbummler und Schriftsteller; davon erzählt sein lesenswertes Journal, das Auskunft gibt über seine religiösen Gedanken, seine Hurerei und die zahlreichen Besäufnisse. Fast vierzehn Jahre später, Boswell war mittlerweile verheiratet und zu einem angesehenen Autor im Königreich avanciert, finden wir unter dem 24.3.1776 folgende Eintragung: »Ging in die Kathedrale von Lichfield. Der Gottesdienst gefiel mir über die Maßen, ich hatte noch nie so feierliche und so passende Musik gehört. Ich hatte fromme Empfindungen, in die sich aber auch sinnliche Gedanken an Frauen mischten, besonders an eine Dame, mit der ich in London vor kurzem zweimal zusammen war. Ich dachte: Dies

sind eben asiatische Genüsse, die sich mit frommen Gefühlen und der aufrichtigen Neigung zu meiner lieben Frau durchaus vereinbaren lassen. Der Geistliche predigte über den Text ›Darum, meine lieben Brüder, seid fest, unbeweglich, und nehmet immer zu in dem Werk des Herrn‹ und beschrieb eindrucksvoll die schlimmen Folgen des Rückfalls in die Sünde.«
Bei Boswell beeindruckt eine bemerkenswerte Kontinuität der Problemlage: die Wahrnehmung, dass die Bedürfnisse nach Hingabe an Gott und nach Befriedigung der Triebe nicht recht harmonieren. Die Eintragung von 1776 weist vage einen Lösungsweg: »asiatische Genüsse« nennt er die Kunst, Glaube und Lust nicht gegeneinander auszuspielen, sondern zu versöhnen. Boswell, ein exemplarisch moderner Mensch!
Es saß ein Mann im Gottesdienst, während der Pfarrer über schlimme Sünden sprach. Beim Gebot: »Du sollst nicht stehlen« erbleichte der Mann entsetzt; als es hieß: »Du sollst nicht ehebrechen« beruhigte er sich wieder. Der Pfarrer sprach den Mann nach der Kirche an und informierte sich, wie er diese offensichtlichen Gefühlsregungen zu verstehen habe. Der Mann erklärte: »Als Sie vom Diebstahl sprachen, vermisste ich plötzlich meinen Schirm und war überzeugt, er sei mir geklaut worden. Doch wie Sie zum Ehebruch kamen, fiel mir wieder ein, wo ich ihn vergessen habe.«
Den sittlichen Vergehen unterhalb der Gürtellinie galt immer schon das besondere Augenmerk der Moraltheologen. Karl Kraus bemerkte bitter, der Judaskuss, den die christliche Kultur dem menschlichen Geist gegeben habe, sei der letzte Geschlechtsakt gewesen, den sie gewährte. Tatsächlich hat die restriktive Ethik Jahrhunderte lang das sexuelle Verhalten von Christen geprägt. »Das Christentum gab dem Eros Gift zu trinken; er starb zwar nicht daran, aber er verkam zu einem Laster«, diesen traurigen

Befund stellte Friedrich Nietzsche aus. Zwar verändern sich die kirchlichen Moralvorstellungen mit der Zeit. Aber stets wurde die menschliche Begierde skeptisch beurteilt.

Und nicht nur die menschliche! Der Humorist Eckhard Henscheid hat theologische Studien betrieben zur bedrängenden Problematik: »Welche Tiere und warum das Himmelreich erlangen können«. Seine Parodie klingt in der Diktion überraschend echt, wenn er beispielweise konstatiert, im Ernst könne, »wie beim Schwänzeltanz der Honigbiene, auch von einer ewigen Verdammnis der Katze wegen einer offenbar angeborenen Koketterie keine Rede sein; im Gegenteil, zu den ›himmlischen Freuden‹ (G. Mahler IV,4) gehört auch und gerade eine gewisse wohlverstandene durchaus erotische Gott-Mensch-Bezüglichkeit (...). Indessen, auch dem Lustmolch (Grottenolm) ist ja das Reich nicht grundsätzlich zu verweigern und zu verwehren, auch wenn die Katzen durch ihr zum Teil wahrhaft unwürdiges Sexualverhalten (nächtliche Rockertreffs usw.) Gottes Langmut wahrlich herausfordern und vor manche harte Probe stellen und auch nicht immer den Menschen so anschreien und hasserfüllt anschauen sollten in dem Augenblick, in dem dieser nächtens an den Kühlschrank geht« – und nichts abgebe.

Aber im Ernst: Der Begründer der christlichen Religion, Jesus von Nazaret, hat kaum über Sexualität gesprochen, schon gar keine Verdammungen verkündet. Wir gehen davon aus, dass der historische Jesus in diesen Fragen weitgehend den ethischen Prinzipien seiner Zeit verhaftet war. Im Volk Israel der Zeitenwende war die Lebensform Ehe selbstverständlich, und darin hatte die Geschlechtlichkeit ihren Platz. Eine ausdrücklich positive Bewertung der Geschlechterbeziehung von Frau und Mann finden wir im Neuen Testament nicht. Aber auch keine negative, auch wenn Paulus sich bekanntlich mehrfach als

Keuschheitsprediger hervortut. – Eine weite Entwicklung hatte die kirchliche Ethik zurückgelegt, bis im 12. Jahrhundert der spätere Papst Innozenz III. (1198–1216) in seinem Werk »Über das Elend des menschlichen Daseins« klagen konnte: »Wer gibt meinen Augen den Tränenquell, dass ich beweine den bejammernswerten Eintritt in die Bedingungen menschlichen Daseins, beweine das schuldhafte Fortschreiten menschlichen Lebens, beweine das verdammenswerte Ende menschlicher Vernichtung? (...) Geschaffen ist der Mensch aus Staub, aus Lehm, aus Asche, und, was nichtswürdiger ist: aus Ekel erregendem Samen. Empfangen ist er in der Geilheit des Fleisches, in der Glut der Wollust, und was noch niedriger ist: im Sumpf der Sünde. Geboren ist er für Furcht, für den Schmerz, und was noch elender ist: für den Tod.«
Die Theologie der frühen Kirche entwickelte sich in einer philosophischen Umwelt, die das stoische Ideal pries: Nichts darf man um der Lust willen tun. Diese Haltung ist dem Denken und der Erfahrung der Hebräischen Bibel fremd. Aber die christlichen Schriftsteller der ersten Jahrhunderte entwickelten eine tiefe Abneigung gegen alles Lustvolle. Origines beispielsweise meinte, zwar heiße es in der Schöpfungsgeschichte: »Wachset und mehret euch«. Nur sei das eben nicht so zu verstehen, dass der Mensch sich begatten solle. Nein: der Mann steht für den Geist, die Frau für die Seele. Ergänzen sich beide, so vermehren sie gute Empfindungen und nützliche Erkenntnisse, und die sind doch besser als gezeugte Kinder. Andere meinten, im Paradies habe es weder Trieb noch Ehe oder Geburt gegeben. Die Ehe sei einzig als Folge des Sündenfalls von Adam und Eva eingerichtet worden – als Institution, die Unzucht verhindern soll. Die Sündenlehre konzentrierte sich dann über Jahrhunderte auf das 6. Gebot: »Du sollst nicht ehebrechen!« und wertete die Sexualität an sich ab.

Die Aufgabe von Ethik oder Moral lautet, zu fragen: Was sollen wir tun? Dabei suchten unterschiedliche Strömungen entgegengesetzte Wege. Was nicht verboten ist, ist erlaubt, sagen die einen. Was nicht erlaubt ist, ist verboten, die anderen. Manche wollen nur grobe Ratschläge anbieten, andere verfassen minutiöse Regelwerke, die keinen auch nur möglichen Fall unberücksichtigt lassen. Eine meiner Tanten wusste zu berichten, sie habe in den fünfziger Jahren als Schulkind gebeichtet: »Ich habe Unkeusches betrachtet.« Der hilfsbereite Seelsorger bohrte: »Wo und was?« Das Mädchen gab zu, in der Badewanne ihren nackten Körper betrachtet zu haben ... Ähnliches wird erzählt von dem Jungen, der es eines Tages blöd findet, dass seine Mutter jeden Abend an sein Bett kommt und ihm ein Kreuzchen auf die Stirn macht. Er dreht sich weg und tut so, als schliefe er. Dann plagt ihn das schlechte Gewissen. Im Beichtspiegel (einer Litanei möglicher Sünden; anregend!) sucht er nach der passenden Bezeichnung für seine Schuld und meint sie gefunden zu haben in dem Satz: »Ich habe den Kindersegen verhütet.« – Dem Wunsch folgend, zu jeder Gewissenserforschungsfrage eine Untat beisteuern zu können, gab Tom als heranwachsender Knabe – der pubertätsbedingt dann und wann von unmäßigem Appetit heimgesucht wurde – an, er habe der Völlerei gefrönt. Der Pfarrer kannte den schmächtigen Jungen und beschied: »Thomas, das kannste beim nächsten Mal weglassen.«
Woher aber könnten wir eigentlich wissen, wie Gott die Sache sieht? Durch die Zehn Gebote, antwortet die mächtige Stimme der Tradition. Mose bekam sie am Sinai von Gott höchstpersönlich mitgeteilt. Für die Echtheit dieser These spricht die Annahme von Charles de Gaulle, die Zehn Gebote seien deshalb so kurz und verständlich, weil sie ohne Mitwirkung einer Expertenkommission entstanden seien. Und andere Stimmen fügen hinzu, bedürfte der

Dekalog der Zustimmung durch die Vereinten Nationen, so wäre man bis heute bestimmt erst beim dritten Gebot angelangt. – Wie aber soll man die Leitsätze verstehen? Die Bibel legt sich ja nicht selbst aus, sie bedarf der Interpretation – die Theologen treten auf den Plan.
Nach katholischer Moralvorstellung lässt sich das ganze Schuldproblem systematisieren; so geht manches als lässliche Sünde durch (weltlich würde man wohl von einem »Kavaliersdelikt« sprechen), anderes hingegen ahndet man als Todsünde. Davon gibt's sieben Stück. Sie funktionieren nicht etwa so (wie das Wort nahe legen könnte), dass man nach Gebrauch sofort stirbt. Dagegen spricht die Erfahrung. Todsünde meint, nach dem leiblichen Tod ist eine Auferstehung unmöglich geworden. Trübe Aussichten! Obendrein stellt der Franzose Honoré de Balzac in seiner »Pathologie des Soziallebens« fest: »Die Kirche kennt sieben Todsünden und nur drei theologische Tugenden. So hätten wir denn sieben Gründe für Gewissensbisse gegen drei Quellen des Trostes! Eine traurige Gleichung: 3 : 7 = der Mensch : X[55]! (...) So unerbittlich es ist, herrscht dieses Dogma doch genauso in der eleganten Welt wie im Katholizismus. Das Schlechte findet tausend Kompromisse, das Gute ist rigoros. Aus dieser ewigen Regel können wir ein Axiom ziehen, das von allen Moralkompendien (casus conscientiae) bestätigt wird. Das Gute gibt es nur auf eine Weise, das Schlechte auf deren tausend.«
Als es mit dem 85jährigen Bichlerbauern zu Ende geht, kommt der Pfarrer, um ihm die Beichte abzunehmen. Bichler beteuert: »I hob koa Sünd net.« Gar nichts, was das Gewissen belaste?, lässt der Geistliche nicht locker. »Goar nix!« Wirklich? Es sei die letzte Chance, reuig um Vergebung zu bitten. »Ja mei«, vernimmt man nach einer Denkpause den Bichler. »Oan klein'r Skrupel geht mir no' manchmal im Kopf rum. Wia i um 20 Jahr alt war, bin

i mit an Deandl ganga, und a Kamerad von mir hat's alleweil net gern g'segn. Da san mir amal auf'm See g'-fahra, und da hab i ihn nausgschmissn, und da hab i mir halt manchmal denkt, weil i ihn danach gar nimma g'segn hab, es könnt am End an Unglück passiert san.« – Ob Bichler die Absolution erhielt? Von einem Krankenhausseelsorger hörte ich einmal, er sei dabei gewesen, wie ein Lebemann das Zeitliche segnete. Unmittelbar nach seinem Hinscheiden (das sich hingezogen hatte), stand seine Frau auf, schlug sachte mit gefalteten Händen auf den Leichnam ihres Gatten, dazu betend: »Gelebt und geliebt, gehurt und gesoffen: Gott, nimm ihn auf zu dir!« Notabene, Jesus wusch seinen Jüngern die Füße, nicht den Kopf!

Aber wäre nicht genau das manchmal nötig gewesen? Wurden nicht in »Christi Namen« schlimme Dinge verbrochen? Udo Jürgens ist davon überzeugt, dass »der liebe Gott spätestens zur Zeit der Inquisition aus der Kirche ausgetreten ist«. Dennoch beruft man sich allenthalben auf ihn! Ein Aphorismus von Georg Christoph Lichtenberg lautet: »Ist es nicht seltsam, dass die Menschen so gern für ihre Religion fechten und so ungern nach ihren Vorschriften leben?« Das mag daran liegen, dass der Mensch sehr wohl in der Lage ist, zwischen Gut und Böse zu unterscheiden – aber nur bei den anderen!

Zugegebenermaßen sind in vielen Fällen die Dinge ja auch nicht so klar. Da muss um das rechte moralische Urteil gerungen werden. Vor dem 2. Vatikanischen Konzil konnte ein junger Priester beispielsweise Ärger bekommen, weil er fragte, ob beim Brevierlesen das Rauchen erlaubt sei. Sein Kollege war klüger: Er informierte sich, ob er, wenn er rauche, dabei beten dürfe. Das wurde gestattet. Heute würden wir eine solche Frage wohl dem Gewissen des einzelnen überlassen, sofern sie überhaupt gestellt wird. Salvador de Madariaga zufolge hindert das schlechte Gewissen uns nicht, Sünden zu begehen, leider jedoch, sie zu genießen.

Eine grundlegende moraltheologische Frage lautet: Wann beginnt das Leben? Auch hierauf sind unterschiedliche Antworten gegeben worden.

Der katholische Priester: Mit der Zeugung.

Der evangelische Pfarrer: Mit der Geburt.

Der Rabbiner: Wenn die Kinder aus dem Haus sind und der Hund gestorben ist ...

Zwischenstationen

Vor Beginn des Gottesdienstes im Ferienzentrum des Yosemite-Nationalparks in Kalifornien begrüßt der Pfarrer die Leute mit dem Hinweis, er mache im Namen der Parkleitung noch einmal darauf aufmerksam, dass es hier streng verboten sei, Tiere zu füttern – außer Moskitos natürlich! Mit diesem Scherz hat sich der katholische Priester die Sympathie der Gemeinde gesichert. Dann fragt er, wer denn heute Geburtstag habe, und fordert die Gläubigen auf, für die 14jährige Kate (der das selbstverständlich peinlich ist), ›Happy Birthday‹ zu singen. Schließlich will er noch wissen, wo die Besucher zu Hause sind. Die meisten kommen aus dem eigenen Bundesstaat. Wessen Heimat am weitesten entfernt liegt, der gewinnt einen Postkartenblock: an diesem Morgen geht er an eine Familie aus Sankt Augustin bei Bonn in Germany. Die Gemeinde applaudiert. Einige schütteln die Hand: man kenne auch jemanden, der aus Deutschland stamme. – Solch lockere Herzlichkeit fällt einem Europäer auf. Ob sie an der gehobenen Ferienstimmung liegen mag oder an amerikanischer Unverbindlichkeit, das ist in diesem Augenblick doch gleichgültig.
Natürlich gibt es auch in unseren Breitengraden ab und zu Gottesdienste, die Eindruck hinterlassen: Gute Stimmung herrscht auf dem Kirchentag oder beim jährlichen Motorradgottesdienst in Hamburg – 3000 Menschen auf schweren Maschinen waren es im Jahr 2002! Während der letzten Fußball-WM hat der anglikanische Erzbischof von Canterbury das Aufstellen von Großbildschirmen in Kirchen gestattet, damit Fans nicht in einen Interessenkonflikt geraten ... Doch in der Regel geht es in der eigenen Vorstadtgemeinde weniger gewinnend zu. Die Got-

tesdienste gleichen oft fader Kantinenkost, lieblos vorbereitet, lustlos durchgezogen. Wie oft kam ich von einer Messe nach Hause mit dem bitteren Gefühl enttäuschter Sehnsucht, als sei ich nach Jahren einem Jugendschwarm begegnet und hätte resigniert festgestellt: »Vorbei!« Wenn man dennoch regelmäßig hingeht, folgt man wohl einem Zwangsritual, wie Sigmund Freud es bezeichnete. Wie sehr wünschte ich mir doch, im Gottesdienst »angesprochen« zu werden: dass eben das, von dem da die Rede ist, mit mir zu tun hat.

Ein Pastor besteigt die Kanzel und beginnt seine Ansprache mit folgenden Worten: »Liebe Christen, heute fällt die Predigt aus, denn ich habe euch etwas zu sagen.« – Leider habe ich das noch nicht erlebt. Dafür erlebte ich vor Jahren, wie Schwiegermutter samt Oma aus der Kirche heimkamen.

Oma: Heute hat er mal gut gepredigt.

Schwiegermutter: Stimmt, heute war er gut.

Ich: Um was ging's denn?

Oma: Also, er sprach von ... Na, es ging um ... Irmgard, sag mal, er hat doch heute gut gepredigt, oder?

Schwiegermutter: Wirklich, gut war er. Und zwar sprach er über ... Ja, ist es denn die Möglichkeit? Ich komm nicht darauf.

Ich: Aber gut war's?

Oma: Genau!

Als ich diese Szene vor Jahren erlebte, lachte ich hämisch. Heute weiß ich: Immerhin ist es dem Pfarrer gelungen, seine Zuhörerinnen und Zuhörer für eine Viertelstunde in seinen Bann zu ziehen. Vielleicht ist der Anspruch, eine Predigt möge den Glaubenden durch die ganze Woche begleiten, einfach zu hoch geschraubt? Ich erinnere mich auch an ein Hochamt mit mehreren Priestern. Einer stand am Pult und redete und redete und redete und mittendrin – brach er ab, Faden gerissen, alles weg. Verdutzt sah er in die Gemeinde, viele hängende Köpfe hoben sich plötzlich. Der Redner drehte sich zu seinen Kollegen um. Die zogen die Schultern hoch und beteuerten ihre Unschuld ... Um was es eigentlich ging, habe ich längst vergessen. Aber diese nette Szene blieb. Viele Predigten erschöpfen eben eher die Zuhörer als das Thema. Denn, wie Alice Miller feststellt, wenn Menschen über Liebe gepredigt wird, lernen sie nicht lieben, sondern predigen.

Einige Elemente des Kultus begegnen uns in fast allen Kulturen: die besonderen Orte und Zeiten, Gebete und Rezitationen aus den Heiligen Schriften, die Körperhaltungen, das Verwenden von einfachen Elementen, die eine höhere Bedeutung bekommen: Wasser, Licht, Öl, Wein, Brot und anderen Dinge. Natürlich die »Kultspezialisten« in feinen Gewändern, dazu Weihrauch, Glocken, Gesang und Musik; alle Sinne sollen angesprochen werden. Und doch zeichnen sich die Rituale der Weltreligionen dadurch aus, dass sie allesamt so vergeistigt scheinen. Ihre Symbolträchtigkeit erschließt sich nur jenen, die über reichhaltiges Hintergrundwissen verfügen. In alter Zeit ging es da grobschlächtiger, aber auch eindeutiger vor: Wenn die Israeliten Böcke schlachteten, dass das Blut nur so spritzte und das Fleisch auf dem Altarfeuer brutzelte, dann verstand auch ein Fremder: Hier bringt man Gott ein Opfer dar. Oder die Bacchanalien der antiken Römer: rituelle Saufgelage, die in den Zustand seliger Entrückung versetzten. Beim indianischen Sonnentanz tanzt man bis zur Ekstase ... Sicher, das alles ist eine Frage des Temperaments. Quäker sitzen eine Stunde im Kreis und schweigen. Sie benötigen einfach weniger Animation.

Wer an Kulthandlungen einer Religion teilnehmen möchte, deren Anhänger er nicht ist, sollte sich zuvor informieren, ob das erlaubt ist und wenn ja, wie man sich zu verhalten habe. Allgemein bekannt dürfte mittlerweile sein, dass Männer in Synagogen den Kopf zu bedecken haben (mit Käppchen, Schirmmütze, Hut oder Taschentuch), sich in Kirchen hingegen barhäuptig zeigen sollen. Die Schuhe zieht aus, wer eine Moschee oder einen Tempel betritt. Wie aber sich benehmen in der Jurte eines Eskimo-Schamanen? Was tun im Kreise eines Aborigines-Festes? Unsicherheit kann einen auch im Bereich der eigenen Tradition überkommen. In unseren Breiten ist die Selbstverständlichkeit christlicher Ausdrucksformen verloren gegangen. Anfang des Jahres 2002 ging durch die Presse, was sich während eines Weihnachtsgottesdienstes mit deutschen Soldaten im Kosovo ereignet hatte: Der Priester begrüßte die Anwesenden mit dem Vers: »Der Herr sei mit euch«, doch die Männer schwiegen. Nur einer erwiderte, was die Liturgie vorsieht, nämlich: »Und mit deinem Geiste«. Daraufhin erboste sich ein Unteroffizier gegenüber seinem Untergebenen: »Ruhe, quatsch dem Pastor nicht dazwischen!«

Was den Insider amüsiert, offenbart einen dramatischen Verlust an Kenntnis christlicher Symbolik. Wer die Zeichen nicht verstehen kann, dem bleibt auch versagt, den Unterhaltungswert dieser Anekdoten zu genießen. Er gleicht einem unsportlichen Stubenhocker, der nicht weiß, was ein »Elfmeter« ist; wie könnte so jemand die Dramatik einer solchen Situation nachvollziehen? Nur wer halbwegs mit der Heiligkeit des Abendmahls vertraut ist, weiß die Pein katholischer Erstkommunionkinder nachzuvollziehen, die nach langer Vorbereitung endlich die Eucharistie empfangen dürfen – und dann klebt die Hostie am Gaumen fest! Sie lässt sich trotz angestrengter Zungenverrenkungen nicht lösen; Verzweiflung!, endlich greift man unter vorgehaltener Hand zum Fingernagel, kratzt und leidet an diesem hochsakrosankten Tage unter Schuldgefühlen wegen eines solchen Sakrilegs ...

Nun, diese skrupulöse Achtung vor dem Sakrament mag der jüngeren Generation abhanden gekommen sein.

Noch aber sind nicht alle ausgestorben, die von ihr geprägt wurden. Über zwei Ecken wurde mir die geradezu unglaubliche Begebenheit überliefert, ein Priester in Oberbayern habe aushilfsweise in einer fremden Pfarrei zelebriert und nach der Kommunionausteilung die restlichen Hostien in den Tabernakel legen wollen. In diesem stand ein Glas Wasser, darin eine Zahnprothese. Es stellte sich heraus, dass diese einer betagten Dame gehörte, der genau jenes Missgeschick widerfahren war, von dem ich eben berichtete: die Oblate klebte dort, wo sie nicht hingehörte. Die Frau vertraute sich dem Pfarrer an, der kam auf die Idee mit der Ablösung im nassen Element ... Mein Sohn berichtete mir von einer Messe, bei der er als Ministrant im Dienst war. Zur Kommunion fiel ihm ein, er trage ja seine Zahnspange. Wohin damit? Er löste dieses nur für Insider wirklich komplizierte Problem, indem er die Hostie kurzerhand in den langen Ärmel seines liturgischen Gewandes gleiten ließ und erst nach dem Gottesdienst in der Sakristei zu sich nahm. Helmut, ein evangelischer Pfarrer, erzählt, einmal sei einer älteren Dame beim Abendmahl das Gebiss mit laut vernehmbarem Klacken auf die Kante des Kelches gerutscht.
Never ending story: zuhauf könnte man Histörchen zusammentragen. Vom Küster, dem der Wein ausgeht; er nimmt, was er gerade daheim im Kühlschrank hat: Stachelbeerwein. War das Sakrament noch gültig? Von der Jugendmesse, für die zwei Kelche voll schweren Weins konsekriert wurden. Die jungen Leute nippten jedoch nur. Anschließend leerte ich mit dem Kaplan den sakralen Trunk, bis ich die Engelchen singen hörte.
Regelmäßige Gottesdienste sind jedoch alles andere als en vogue. Das riecht so nach Verpflichtung – ein Unwort in der Spaßgesellschaft. Die Segnungen der Religion werden eher punktuell genossen, anlässlich des Übergangs von einer Lebenssituation in eine andere. Man nennt diese in der

Religionswissenschaft »Passageriten«. Im Handwörterbuch religionswissenschaftlicher Grundbegriffe lesen wir dazu, hinter dem Begriff stehe »die Vorstellung, dass die Gesellschaft einem Organismus oder einem Gebäude gleiche, dessen Segmente sich nicht als Einzelerscheinungen verstehen lassen, sondern nur als Teile des Ganzen. So gesehen stellen die Ereignisse wie die Geburt eines Kindes oder die Initiation Jugendlicher kollektive Angelegenheiten dar, die die Ordnung und die Reproduktion der gesamten Gesellschaft betreffen, wenn sie auch vordergründig nur einzelne Individuen oder Familien anzugehen scheint. (...) Das rituelle Begehen des Übergangs (...) garantiert die Aufrechterhaltung der symbolischen, gesellschaftlichen und kosmischen Ordnung. Erst durch Übergangsriten werden Individuen zu Mitgliedern der Gesellschaft.«

Vor diesem Hintergrund lässt sich auch die Attraktivität der kirchlichen Feiern bis in unsere Zeit hinein verstehen. Man nutzt die Religion als Dienstleistungsunternehmen für feierliche Anlässe, nach dem Motto: »Schaden kann's ja nicht«. (Freilich muss man verkürzend hinzufügen: Die Religion lässt sich benutzen, ist stillschweigend bereit, »Perlen vor die Säue« zu werfen, um keine Kirchensteuerzahler zu vergraulen.) Da werden die Babys zur Taufe getragen, nicht, weil man sich wie früher ängstigt, ohne Taufe komme das Kind nicht in den Himmel, nur in die Vorhölle. Noch in den fünfziger Jahren rieten katholische moraltheologische Standardwerke bei komplizierten Geburten zur Verwendung von Schwämmchen, die – taufwassergetränkt – in den Geburtskanal eingeführt werden sollten, um nur ja keine metaphysischen Risiken einzugehen. Heute ist die Taufe ein gemütliches Familienfest. Man kommt wie in der Fernsehwerbung zusammen bei Kaffee und Kuchen, das junge Paar kann die Geschenke gut brauchen, und später betrachtet man gerührt die Fotos der feierlichen Handlung.

Als Jugendlicher amtierte ich im Range des Oberministranten in meiner Heimatgemeinde. Bei Hunderten von Taufen assistierte ich, reichte die Kanne mit Wasser, das Öl, hielt das liturgische Buch, versorgte die Familien mit Gesangbüchern und – wie vor dem Konzil – gab stellvertretend für alle Anwesenden die vorgesehenen Antworten auf die kultischen Wechselgebete zwischen Priester und Gemeinde. Doch war es natürlich nicht meine Aufgabe, auf spezielle Fragen an Eltern und Paten zu reagieren. Einmal gab der Pfarrer die Anweisung: »Ich frage Sie jetzt nach ihrem Glauben. Bitte antworten sie dreimal ›ich widersage‹ und dreimal ›ich glaube‹. Also, widersagen Sie dem Bösen, um in der Freiheit der Kinder Gottes leben zu können?« – Und was respondierten die Angesprochenen, kirchlich ziemlich unerfahren? »Ich widersage, ich widersage, ich widersage, ich glaube, ich glaube, ich glaube« ...

Doch ein Missverständnis kann auch dem Taufspender selbst unterlaufen. Eine Familie brachte einen Onkel als Taufpriester mit, einen Franziskanerpater. Der freundliche Mann hatte Jahre zuvor zum letzten Mal eine Taufe gespendet und geriet im Rituale (der Agende, die den Ablauf des Gottesdienstes ordnet) immer durcheinander zwischen den Abteilungen »Taufe mehrerer Kinder« und »Taufe eines Kindes«. Meistens war das nicht so schlimm, etwa, als es hieß: »Herr, segne diese Kinder«, da Geschwister, Nichten und Neffen zugegen waren, sich also alle Kinder angesprochen fühlen konnten. Doch dann begann er auch den nächsten Satz verkehrt: »Herr, segne die Väter ...« – hier hielt er inne, fuhr dann unbekümmert fort – »dieses Kindes«, was den Vater zu einem deutlich wahrnehmbaren Räuspern veranlasste.

»Wie viele Dinge gehören zur Taufe?«, examiniert der Pastor einen Schüler.

»Drei.«

»Falsch«, erklärt der protestantische Geistliche, »nur zwei: das Wasser und das Wort Gottes.«
Der Schüler kontert: »Dann taufen Sie mal ohne Kind!«
Später werden die Kinder dann durch die Erstkommunion oder Konfirmation geschleust. Tage, an denen geschlemmt wird bis zum Umfallen; Geschenke im Wert von Tausenden Euro sind keine Seltenheit. Dass am Sonntag nach dem Fest in der Regel nur noch jedes zehnte Kind beim Gottesdienst übrig bleibt, ist in der Pastoral der Gemeinde ein offenes Geheimnis. In der katholischen Kirche spricht man deswegen sarkastisch von der feierlichen »Letztkommunion«, und ein evangelischer Kalauer erzählt von zwei Pfarrern, die Mäuse in ihren Kirchen hatten. »Wie hast du sie wegbekommen?« fragt der eine seinen Amtsbruder. Der gibt den guten Tipp: »Ich habe die Mäuse konfirmiert – fortan blieben sie alle weg!«
Nach eine Phase religiöser Abstinenz (Fachleute sprechen auch analog der sexuellen von einer kirchlichen »Latenzzeit«) bildet dann die Hochzeit die nächste Gelegenheit, eine Kirche zu betreten. Mit Orgelspiel, Glockengeläut und Segen bietet sie einfach einen eleganteren Rahmen als eine trockene Eheurkundenunterzeichnung im Rathaus. Die Romantik vor dem Altar gilt als so erstrebenswert, dass heutzutage sogar betuchte Chinesen diese Zeremonie wünschen. Als »letzter Schrei« gelten dort das weiße Brautkleid und das Ambiente eines christlichen Gotteshauses (auch wenn die Brautleute kaum wissen, wer Christus ist). Ulrike Putz berichtete aus Peking über diesen Boom und zitiert Liu Ning, einen Hochzeitsberater, der auch für seine eigene Tochter eine kirchliche Trauung vorsieht: »Das hat so etwas Exotisches.« (Man ahnt es: eines Tages, wenn Europa verarmt ist, werden Asiaten und Afrikaner kommen und die letzten Europäer bestaunen.)
Dass die monogame und auf Dauer angelegte Ehe ein Sonderfall der Geschichte sei, davon sind heute Anthro-

pologen, Ethnologen, Historiker und Soziologen überzeugt. Dennoch können wir davon ausgehen, dass in allen uns bekannten Gesellschaften die Beziehungen von Frau und Mann einem Mindestmaß an Ordnung unterworfen waren und in der – wie auch immer gestalteten monogamen, polygamen, ob matriarchal oder patriarchal organisierten – Ehe eine Institutionalisierung erfuhren. Die Ehe an sich ist nicht automatisch ein religiöser Tatbestand, doch die Religionen spielen in der Regel eine nicht unerhebliche Rolle in diesem breiten Themenbereich. Sie wollen mitbestimmen bei der Frage der Partnerwahl, bei der Definition von Beginn und Ende der Ehe und Einfluss nehmen auf den Ehezweck: Legitimierung von Sexualität, Zeugung von Nachkommenschaft, gegenseitige Unterstützung der Ehegatten.

Die Institution Ehe hat einen weiten Weg hinter sich, vom Beginn der Menschheit in grauer Vorzeit, in der (wahrscheinlich) Promiskuität herrschte, bis zur Auflösung der monogamen Ehe in der Moderne, in der auch die Religion als formende Kraft nachlässt. Insofern würde sich der Kreis schließen. Kirchlich geschlossene Ehen sind keine Garantie für eine bessere Qualität der Beziehung. Doch ganz gleich, ob sie halten oder geschieden werden, man denkt doch gern an die glücklichen Stunden der Hochzeit zurück und was man dabei erlebte: Ein mir bekannter Pastor sah während der Zeremonie in eine feixende Gemeinde und merkte erst dann, was das mit ihm zu tun hatte: ein kleines Kind hockte neben ihm und hatte den Saum seines Gewandes gehoben, um inspizieren zu können, was sich denn unter dem Talar verberge. – Für Unterbrechungen sorgten bereits Eheringe, die ein nachlässiger Ministrant vom silbernen Tablett rollen ließ; sie verschwanden im Lüftungsschacht. Bis eine Leiter geholt war und der Küster nach erfolgreicher Suche wieder auftauchte, improvisierte der Organist. – Ein Gottesdienst in

Tübingen musste wegen plötzlichen Unwohlseins der Braut noch vor der entscheidenden Ja-Frage abgebrochen werden. Gegen Mittag fühlte sie sich zwar besser, aber was tun mit hundert Gästen, Torten, Büffet und Musikkapelle? Salomonische Entscheidung: Erst einmal feiern, und am nächsten Morgen ohne großes Vorspiel husch, husch die richtige Antwort geben: »Ja, ich will!«

Wenn bei der Trauung etwas schief läuft, geht das als nette humoristische Beigabe in die Familienannalen ein. Bei Trauerfeiern ist das weniger witzig. Einmal sang die Trauergemeinde nur kümmerlich mit und der Pfarrer ärgerte sich: »Nun singen Sie doch mit, sonst macht es doch keinen Spaß!« Spaßig fand auch meine Bekannte Angelika nicht, dass der Diakon vor der Beerdigung der Oma (die über hundert geworden war!) kein Gespräch mit den Angehörigen gesucht hatte. Am Tag vor der Beisetzung rief sie im Pfarrbüro an und fragte, wo er denn bliebe. Er beruhigte die Frau: »Wissen Sie, ich habe da eine schöne Ansprache, die passt auf alle!« Zu einer solchen hatte wohl auch der Kölner Priester gegriffen, der Frau Schmitz bestattete. Am offenen Grab lobt er die Verstorbene: »Und so nehmen wir Abschied von einer Frau, deren Liebe und Güte bekannt waren, die sich durch Geduld und Milde auszeichnete, deren sanftes Wesen ...« Mit wachsendem Erstaunen vernimmt das der Witwer, dreht sich zu seinem Freund und flüstert: »Köbes, lass mer jon, mer sin am verkehrte Jrab!« Jeder Tod hat sein Gelächter ...

In allen Kulturen darf der Geistliche am Ende ein paar warme Worte spenden. So wird auch von einer kleinen jüdischen Gemeinde in Polen berichtet, wo jemand nur begraben werden durfte, wenn man etwas Schönes über ihn zu sagen wüsste. Nun war aber ein Bösewicht abgeurteilt und gehenkt worden. Was konnte man über diesen gemeinen Kerl, der am Galgen baumelte, Schönes sagen? Der Rabbi fand den Ausweg: »Nu, schön hängt er!«

Feste, Feiern und Folklore

Viele Menschen verzichten in unserer Epoche auf Religion. Sie gründen ihr Leben stattdessen auf eine weltliche Ethik, schöpfen Sinn aus Arbeit und Genuss, begnügen sich damit, nach dem Tode in ihren Kindern weiterzuleben. Diese Leute sind selten kampferprobte Atheisten, die missionierend andere davon überzeugen wollen, dass es Gott nicht gebe und Glaube schade. Es handelt sich vielmehr um Nicht-Theisten (wie der katholische Theologe Eberhard Tiefensee treffend sagt), also um Zeitgenossen, für die Religion einfach keine Rolle spielt, weder positiv noch negativ. Mitunter kommt es dann jedoch zu unerwarteten Einsichten, die ich einmal in Verse packte:

Wenn wir beim Braten vorm Fernseher sitzen,
vor lauter Genüssen schon keuchen und schwitzen,
»Wir warten aufs Christkind« zu Ende geht,
eine Christvesper auf dem Programm nun steht –
beschäftigt uns eine bohrende Frage
angesichts dieser seltsamen Lage,
und wir wundern uns beim Kerzenrauch:
»Wie? Die Kirche feiert Weihnachten auch?«

Daran muss manchmal erinnert werden: All die schönen Auszeiten, wie der Sonntag und die Feiertage, sind Segnungen der Religion. Ohne sie müsste mehr gearbeitet werden. Und wäre Jesus weder geboren noch gestorben: eine Katastrophe für den Handel! Monate vorher werden die Feste angekündigt (Lebkuchen im September, Ostereier im Januar), am Tage darauf dann schon als beendet betrachtet. Die Kirche sieht das – kaum verwunderlich – in ihrer Tradition ganz anders.
Die knapp vierwöchige Adventszeit hat sich erst im Laufe

der Jahrhunderte herausgebildet. Die Vorbereitungszeit hat eine Reihe von Bräuchen hervorgebracht, welche entweder recht profan die Erwartung des kommenden Festes oder – theologischer – das Kommen des Messias thematisieren. Neben lokalen Traditionen haben sich vor allem der Adventskranz und der Adventskalender durchgesetzt. Die genaue Herkunft des Adventskranzes ist nicht völlig geklärt. Sehr wahrscheinlich geht er auf einen Brauch zurück, der vor etwa 160 Jahren im »Rauhen Haus« in Hamburg, einem Jungenheim der evangelischen »Inneren Mission«, entstanden ist. Dort steckte man auf ein Wagenrad 24 Kerzen und zündete im Dezember jeden Tag eine mehr an. Dieser Brauch wurde aufgegriffen und verändert: daraus wurden vier Kerzen für die Adventswochen, statt für jeden Tag eine, und ein geflochtener Kranz statt des Rades. – Erst zu Anfang des 20. Jahrhunderts entstand der Adventskalender vom 1. bis zum 24. Dezember. Er ist als moderne Schokoladenschachtel mit 24 Türchen zum Öffnen eine Abzählhilfe bis zum großen Fest.

Des Bischofs Nikolaus von Myra wird am 6. Dezember gedacht. Die Tradition, am Vorabend Stiefel aufzustellen, damit Nikolaus sie über Nacht mit guten Gaben fülle, stammt schon aus dem Mittelalter und geht auf die Legende zurück, nach welcher Nikolaus drei armen Mädchen zu einer Mitgift und damit zur gewünschten Ehe verholfen habe. Die Reformation verlegte dann den Schenktermin vom Nikolaustag auf Weihnachten: Nicht der Nikolaus bringe die Gaben, sondern der Heilige Christ. Dieses theologische Ansinnen wurde zum Christkind verniedlicht, das die Geschenke beschert. Später, gänzlich säkularisiert, entstand unter Beibehaltung des Schenkens und in Anlehnung an Nikolaus der Weihnachtsmann. Dieser verquickt in sich sowohl die kinderschreckende Sagengestalt Knecht Ruprecht als auch die Naturpersonifikation Väterchen Frost.

Und dann endlich: Weihnachten! Weihnachtsbaum, Weihnachtsferien, Weihnachtsfreibetrag, Weihnachtsgratifikation, Weihnachtspyramide, Weihnachtslieder, Weihnachtsplätzchen, Weihnachtsspiel, Weihnachtsstern. Süßer die Kassen nie klingeln ... Glänzende Kinderaugen, Mutters guter Stollen, sogar Armenspeisungen für die Obdachlosen. Aber auch Magenschmerzen, Familienkrach, ansteigende Suizidrate.

Die ersten Generationen der Christen kannten das Weihnachtsfest noch nicht; als Jahresfest wurde nur Ostern begangen. Für die zweite Hälfte des 4. Jahrhunderts gibt es erste Quellen, die eine Feier der Geburt Jesu in Rom bezeugen. Von dort aus setzte sich das Fest rasch im Abendland durch. Gefördert wurde seine Verbreitung nicht zuletzt durch den Konflikt mit der arianischen Häresie. Der Priester Arius leugnete im 4. Jahrhundert die Wesensgleichheit Jesu mit dem Vater. Die Ausgestaltung eines Festes der Menschwerdung Christi als wahrem Gott war also auch ein willkommenes Instrument, den Glauben der Kirche zu verdeutlichen und zu manifestieren.

Warum wir Weihnachten am 25. Dezember begehen, wird sich heute nicht mehr mit der Berechnungshypothese belegen lassen, mit der man einst versuchte, anhand von abenteuerlicher Zahlenakrobatik den Geburtstag Jesu genau auszurechnen. Durchgesetzt hat sich die Ansicht, dass die Christen den Feiertag der Menschwerdung ihres Herrn bewusst auf das Fest des unbesiegten Sonnengottes (Sol Invictus) gelegt haben, das in der Antike zur Zeit der Wintersonnenwende begangen wurde. Der römische Kaiser Aurelian hatte ihn im Jahre 274 offiziell zum Reichsgott erhoben. Am 25. Dezember feierte auch die Religion des Mithras, des persischen Sonnengottes, die Wintersonnenwende. Der Mithraskult war im 3. Jahrhundert im Römischen Reich weit verbreitet. Die frühen Christen wollten mit der bewussten Wahl dieses Termins verdeutlichen, daß der Messias größer sei als die heidnischen Lichtgötter – und als das Christentum 337 Staatsreligion geworden war, vernichteten sie alle Kultstätten der konkurrierenden Kulte nahezu spurlos, so dass diese heute vergessen sind.

Das Weihnachten-Feiern, wie wir es heute kennen, ist eine noch junge Angelegenheit, ein Produkt der durch die Industrialisierung bedingten Auflösung des »ganzen Hauses«, in dem mehrere Generationen unter einem Dach lebten. Die Kleinfamilie entstand. Diese feiert sich – als Spiegelbild der Heiligen Familie – selbst, bedrückt von Zwangsritualen: Essen, Schenken, Kirchgang. Die Botschaft des Engels: »Fürchtet euch nicht!« hat zwar heute von ihrer Aktualität nichts eingebüßt, doch reicht sie über die Auslösung rührseligen Ergriffenseins hinaus?

Ursprünglich religiös geprägte Bräuche finden sich längst auch bei kirchenfernen Menschen. An erster Stelle wäre da der Christbaum zu nennen. Seine Herkunft vom germanischen Mittwinterfest abzuleiten, bei dem Tannen geschmückt wurden, entspringt zwar dem Wunsch nach ungebrochener Tradition, ist jedoch unhistorisch. Genau lässt sich das Auftauchen des Christbaums nicht datieren. Schon im Mittelalter meinte der Volksglaube, Tannengrün schütze vor Dämonen. Es wurden dann ganze Tannen mit dem Stamm an der Decke aufgehängt; übrigens drehte man sie erst um, als im 18. Jahrhundert Kerzen an die Bäume kamen. Bereits um 1600 sind aber für die Zünfte zu Weihnachten mit Äpfeln geschmückte Christbäume bezeugt. Die Kerzen am Christbaum waren zunächst aus Bienenwachs und deshalb wohlhabenden Leuten vorbehalten; erst ab dem 19. Jahrhundert konnten sich dank der Erfindung des preiswerteren Paraffins bzw. Stearins breite Bevölkerungsschichten Lichter leisten. Im 20. Jahrhundert werden dann Christbäume auch in öffentlichen Ge-

bäuden, auf Plätzen und in Vorgärten aufgestellt und elektrisch beleuchtet.
Die Christen haben es verstanden, an sich heidnischem Brauchtum eine christliche Deutung beizugeben: der Christbaum steht mit seinen Kerzen für Christus, das Licht der Welt, er erinnert mit seinen immergrünen Nadeln an das nie erlöschende Leben in Christus, symbolisiert sowohl den Paradiesbaum (Baum des Lebens) als auch das Holz des Kreuzes. Moderne Zeiten: Tannenbäume aus Plastik zum Zusammenstecken, aus Holz zum Zusammenklappen, Tannenduft aus der Spraydose, elektrische Kerzen ... All das macht der Zeichenhaftigkeit des Christbaums zu schaffen.
Mehr religiöses Zugehörigkeitsgefühl braucht es für die Akzeptanz der Weihnachtskrippe, einer frommen Puppenstube. Ihre Requisiten sind der jüngeren Generation nicht mehr unbedingt bekannt. Mit Erwachsenen und Jugendlichen machte ich getrennt eine kleine Übung zum ikonologisch-ikonographischen Interpretationsverfahren nach Erwin Panofsky. Man betrachtet Renaissancebilder und sagt zunächst im ersten Schritt, was man sieht, im zweiten, was das bedeutet. Ich zeigte den Teilnehmern eine Krippendarstellung aus dem 15. Jahrhundert, von irgendeinem unbekannten Meister. Ich fragte: »Was sehen wir?« Die Erwachsenen antworteten: »Den Stall von Bethlehem, darin Maria, das Jesuskind und dahinter den Heiligen Joseph!« Aber nein, wir sehen eine junge Frau, einen Säugling, einen alten Mann in einem Bretterverschlag. Doch diese stellen die Heilige Familie dar ... Die Jugendlichen reagierten umgekehrt: »'ne Frau, ein Baby und einen Alten in komischen Klamotten – in einer Garage oder was?« Prima beschrieben, doch was bedeuten diese Personen? »Keine Ahnung.« – »Mensch, Weihnachten!« – »Ach so.«
Bei genauerer Betrachtung fällt auf, dass der überwiegen-

de Teil der Krippenausstattung Zugabe der frommen Legende ist: ein Stall wird nicht erwähnt, ebenso nicht Ochs und Esel. Diese stammen aus dem Buch Jesaja, haben aber so selbstverständlich ihren Platz in der Szenerie, dass jeder die Bemerkung Heinrich Heines versteht: »Neben jeder Krippe, worin ein Heiland oder eine welterlösende Idee den Tag erblickt, steht ein Ochse, der ruhig frisst.« Noch bis vor wenigen Jahrzehnten hielt man gemeinhin die biblische Erzählung des Weihnachtsgeschehens für eine Art Tatsachenbericht. Diese Vorstellung lässt sich wissenschaftlich nicht halten, wie die historisch-kritische Exegese ohne Zögern bekennt. Das heißt jedoch keineswegs, die Heilige Schrift würde lügen: auch eine komponierte Geschichte kann ja Wahres ausdrücken. Dem Verfasser des Lukasevangeliums (der wahrscheinlich nie selbst im Heiligen Land war) gelang es, einen bezaubernden Mythos zu begründen: ein göttliches Kind in einem Stall! Viel später wurden, je nach Publikumserwartung, die Zutaten Armut, Kälte und Obdachlosigkeit oder Flüchtlingsstatus zur ursprünglichen Geschichte hinzugedichtet. Diese fromme Dichtung auch dem Schriftunkundigen darzustellen (als »biblia pauperum«, Bibel für die Armen) war und ist bis heute Absicht der figürlichen Weihnachtskrippen bzw. der Krippenspiele. Erste Erwähnung finden diese für das 8. Jahrhundert in der römischen Kirche Santa Maria Maggiore. Breitenwirkung hatte das im Jahre 1223 von Franz von Assisi in Greccio angeleitete Krippenspiel mit Bettlern aus der Umgebung. Krippendarstellungen in Kirchen wurden seither selbstverständlich; wiederum erst ab dem 18. Jahrhundert wurde das Aufstellen von Krippen auch in Privatwohnungen Mode.

Weihnachten nimmt man gerne mit, aber am dritten Feiertag wird umgetauscht, und dann muss Silvester vorbereitet werden. Diesen Tag kann man wenigstens fröhlich feiern. Kurz nach dem Jahreswechsel erwartet uns dann die »fünfte Jahreszeit«, der Sitzungs- und Straßenkarneval, den wir im Grunde Pontius Pilatus zu verdanken haben. Er veranlasste nämlich die Kreuzigung Jesu; ohne Kreuzigung kein Tod, ohne Tod keine Auferstehung, ohne Auferstehung kein Osterfest, ohne Ostern keine Fastenzeit und ohne Fastenzeit – kein Fasching! Da mag die Regenbogenpresse immer wieder neue Diäten anpreisen, mit deren Hilfe der Mensch endlich das moderne Schlankheitsideal erreichen soll: in unserem Land wird jährlich mehr Geld für Abmagerungskuren ausgegeben, als die Hilfswerke Misereor und Brot für die Welt an Spenden einnehmen, doch Fasten im Sinne der kirchlichen Fastenzeit ist nicht gerade populär, auch bei Christen nicht. Immerhin kann man den Verzicht auf Fleisch durch den Verzehr von Fisch kompensieren: mit herrlichen Köstlichkeiten wirbt die Gastronomie an Aschermittwoch und Karfreitag. Und als Kontrastprogramm zur bierernsten Aschenbestreuung im Gottesdienst laden die Parteien allerorten zum bierseligen politischen Aschermittwoch.

Vorformen der Fastnacht gehen auf die Zeit vor der Christianisierung zurück, als Frühlings- und Fruchtbarkeitsfeste gefeiert wurden, was sich vielerorts noch im ländlichen Brauchtum zeigt, etwa in der Austreibung des Winters. Erst im 12. Jahrhundert begrenzte die Kirche diese Feiern auf den Zeitraum vor der Fastenzeit. Das Wort »Karneval«, dessen Herkunft ungeklärt ist, stammt möglicherweise vom lateinischen »carrus navalis«, »Schiffskarren«. Die Zeit der Schifffahrt war in der römischen Antike auf die Frühlings- und Sommermonate beschränkt. Zur Saisoneröffnung Mitte März führte man festliche Umzüge durch, in denen solche schiffsförmigen Prunkwagen mitgeführt wurden. – Wahrscheinlicher ist aber die Ableitung vom lateinischen »caro«, »Fleisch«

und »levare«, »wegnehmen«, oder vom italienischen »carne vale«, etwa »Fleisch, lebe wohl!« Und so war es denn auch: Karneval war der letzte große Schmaus vor der Zeit, in der kein Fleisch gegessen werden durfte.
Das Narrentreiben beruht auf dem Brauch der »verkehrten Welt«, den es in vielen Kulturen gibt: für eine bestimmte festgelegte Zeit werden die Machtverhältnisse umgekehrt. Die Kleinen beherrschen und verhöhnen die Großen. Noch heute werden vielerorts am Donnerstag vor Aschermittwoch (dem »Altweiberdonnerstag«) die Rathäuser »gestürmt«. »Narrenfreiheit« heißt, alles aussprechen zu dürfen, auch die Wahrheit, ohne dafür zur Verantwortung gezogen zu werden. Dem liegt der Gedanke zugrunde, dass jemand, der »närrisch«, nicht bei Verstand, ist, nicht bestraft werden darf. Allerdings gewinnt man den Eindruck, das berechtigte Genießen der Sinnenfreuden vor dem Verzicht sei heute weithin zu kommerzialisiertem Konsum und straff durchorganisierten Frohsinnzelebrationen verkommen. Und auffälligerweise feiern viel mehr Menschen Karneval und Fasching, als anschließend auch fasten.
Ein Ende gibt es offiziell erst an Ostern, dem ersten und ältesten, höchsten und feierlichsten Fest der Christen, wenngleich in der Volksfrömmigkeit das stimmungsvollere Weihnachten Priorität genießen mag. Die Auferstehungsgeschichten sind die ersten schriftlich fixierten Teile der Evangelien. Und Ostern ist auch das erste Jahresfest, das die Christen regelmäßig begangen haben. Im Kirchenjahr beginnt mit dem Palmsonntag das Mysterienspiel der Heiligen Woche. Mit Palmzweigen wird der Einzug Jesu in Jerusalem nachempfunden. Der Name des Gründonnerstags, der seit dem 13. Jahrhundert so genannt wird, kommt wohl von dem weitverbreiteten Brauch, an diesem Tag grüne Heilkräuter und grünes Gemüse zu essen. Standardgericht in meiner Familie, als

ich Kind war: Spinat mit hartgekochtem Ei ... Die Orgel verstummt im Gottesdienst bis zur Osternacht. In dieser Zeit schweigen auch die Turmglocken und die Glöckchen der Ministranten. Den Kindern erzählte man, die Glocken flögen zum Papst nach Rom, um dort (Milch-)Reis zu essen. Die Herkunft dieser eigentümlichen Sage ist völlig offen, was allerdings ihrem Neugiereffekt für Kinder keinen Abbruch tut ... Aus dem Schweigen der Glocken am Karfreitag entstand in ländlichen Gegenden der pragmatische Brauch, die Gläubigen mit Hilfe von hölzernen Ratschen zum Gottesdienst zu rufen.

»Kara« ist das althochdeutsche Wort für »Kummer«, »karon« heißt »wehklagen«. Der Karfreitag steht ganz im Zeichen der Besinnung auf den Tod Jesu. In unseren Breitengraden strahlt der Karfreitagsgottesdienst feierliche Würde aus. Zu einem Spektakel geraten die Feierlichkeiten auf den Philippinen. Jedes Jahr lassen sich beispielsweise in Cutud, 75 Kilometer nördlich der Hauptstadt Manila, einige Menschen mit sechs Zentimeter langen Stahlstiften durch die Handflächen an Kreuze nageln, die dann aufgerichtet werden. Weniger robuste Fromme geißeln sich nur mit Bambusstöcken und Peitschen, an denen Glassplitter kleben. Man wünscht zu büßen. Die offizielle Kirche lehnt diese Rituale als »Fehlauslegung des Glaubens« ab.

Mittenmang dabei ist sie in Sizilien. Zwar werden die dortigen Spektakel der Karwoche von örtlichen Gilden, Vereinen und Bruderschaften organisiert und gestaltet, doch die Amtskirche entzieht sich nicht dem reichhaltigen Brauchtum, von dem Roman Arens berichtet: »›Dich reißt das einfach mit‹, erklärt Francesco Russo, Finanzbeamter und dynamische Führungsfigur in gleich zwei Organisationen für Gründonnerstag, das Geschehen in Caltanissetta. ›Es ist eine religiöse Veranstaltung aus dem Glauben heraus, aber auch eine folkloristische, die im

Dienst an der Stadt steht. Sie stärkt das Gemeinschaftsgefühl.‹ Das ist offenkundig so, aber nicht hinreichend, um einen einwöchigen Ausnahmezustand zu beschreiben, in dem alles durcheinander, drunter und drüber geht: Kirmes, Karwoche, Rituale wie bei einem Schützenfest und auch ein bisschen Karneval. Die Gerüche von Fritiertem, Würstchen, Weihrauch und gebrannten Mandeln vermischen sich, die Klänge der Blechbläser und Trommler auch. Diese wecken einen schon früh, füllen tagsüber immer wieder die Ohren mal mit dem Radetzky-Marsch, frommen Tönen, flotten Märschen oder südländisch-schwermütigen Klängen. Zu ihnen wiegen sich oft die Musiker in verhaltenem Schritt. Mal wird der Tag eingeleitet mit einer erschreckenden Böllerkanonade, mal klingt er aus mit einem zischenden, knatternden Feuerwerk, das beispielsweise hinter einer straßenbreiten plastischen Darstellung des Letzten Abendmahls hochgeht. Die eigentlich ungenießbare Mischung wird, wenn der innere Widerstand gegen den Anschlag auf alle Sinne ganz langsam erlahmt, am Ende erträglich. Und schließlich, wie Francesco meint, ›reißt sie dich mit.‹« – Da stehen wir Nordländer wieder bedröppelt daneben. Uns kann man schon mit ein paar Süßigkeiten zufrieden stellen.

Ein Japaner kam in den fünfziger Jahren nach Wien. Es war Frühling. Er stellte fest, in seiner Heimat begehe man das Fest der Kirschblüte und in Europa das Fest des Huhnes. Das letztere erschien ihm nicht so poetisch. – Aus verschiedenen Ursprüngen stammen die beliebtesten Osterattribute Ei und Hase, die sich in unseren Breiten längst zum eierbringenden Osterhasen verschmolzen haben. Beides sind Fruchtbarkeitssymbole. Schon vor 5000 Jahren aßen Ägypter und Perser zu ihren Frühlingsfesten bunt bemalte Eier. Und die Germanen brachten ihrer Frühlingsgöttin bunte Eier als Opfergabe dar. Eier dienten im Mittelalter als Zahlungsmittel für Pacht und Zins;

Zahltag war neben St. Martin das Osterfest. Das Lehramt der Kirche hat sich die Eiersymbolik nie zu eigen gemacht, aber die Volksfrömmigkeit hatte keine Berührungsängste mit dem heidnischen Relikt. Ein Spruch sagt: »Wie das Küken aus dem Ei gekrochen, hat Jesus Christ das Grab zerbrochen«.

Symbolik und Verzehr des Hasen haben eine lange Geschichte, die eng mit seiner wohlbekannten Fruchtbarkeit zusammenhängt. Schon im alten Griechenland war der Hase der Jagdgöttin Artemis heilig, und der Aphrodite, für die Liebe zuständig, wurde er als Fruchtbarkeitsopfer dargebracht. Die Römer versprachen sich vom Verzehr des Tieres ein Übergehen von dessen Fruchtbarkeit auf sie selbst. Wiederum die alten Germanen opferten Hasen bei ihren Riten.

Die Botschaft von Ostern ist sperrig: Christus hat den Tod überwunden, er ist von den Toten auferstanden. Dieses Ziel steht fortan jedem Gläubigen offen. Doch die Gläubigen sind skeptisch geworden. Was, wenn es nicht stimmen sollte, wenn sich am Ende alles nur als frommer Schwindel herausstellt? Ein Kernstück christlichen Glaubens ist in Gefahr geraten. Neu ist das Problem allerdings nicht. Friedrich II. wurde einmal ein Aktenstück vorgelegt, in dem die Absetzung eines Geistlichen verlangt wurde. Der sei ein Freigeist und habe geäußert, dass er nicht an die Auferstehung am Jüngsten Tag glaube. Der König setzte an den Rand der Eingabe eine seiner berühmten Marginalien: »Ist Seyne Sache! Wenn er nicht auferstehen will, so soll Er doch Meynetwegen am Jüngsten Tage liegen bleiben!« ...

Das allgemeine Wissen über alle anderen Feste – und deren gibt es im kirchlichen Kalender noch reichlich – tendiert gegen Null. Christi Himmelfahrt? Zum Vatertag verkommen. Pfingsten? Bereits 1968 stellte man bei einer statistischen Umfrage fest, dass ungefähr die Hälfte der

Bundesbürger nicht weiß, was an Pfingsten eigentlich gefeiert wird. Die Ergebnisse dürften heute noch wesentlich übler aussehen. Aber, was macht man auch an solch einem Tag? Es existiert kein allgemein verbreitetes Brauchtum, außer Ausflügen und Grillabenden. Man sieht ja auch nichts vom Heiligen Geist.

Fragt sich noch jemand ernsthaft, warum die protestantischen Kirchen höhere Austrittszahlen zu verkraften haben als die katholischen? Welches schöne Fest hätten wir der Reformation zu verdanken? Nur einen Tag steuerte sie dem Festkalender bei, einem Wermutstropfen gleich: den tristen, traurigen und typisch ernsten evangelischen Buß- und Bettag.

Wie sinnenfreudig hingegen das Fest Fronleichnam. »Happy Kadaver« übersetzen die Gecken, doch diese Etymologie lässt sich kaum halten: Fron bedeutet »Herr« (man kennt Frondienste) und Lichnam hieß einst »Leib«. Am Fronleichnamstag führen die katholischen Christen in feierlicher Parade das Wertvollste, was sie haben, durch die Straßen: ein Stückchen Brot. Eine solche Veranstaltung bietet etwas fürs Auge und veranlasste einst Karli, Rosemaries kleinen Vetter, zu einem entzückenden Bonmot: Der Junge betrachtete am Fronleichnamstag die Prozession vom Straßenrand und wunderte sich, warum die Leute niederknieten und sich bekreuzigten. Er zupfte die Mama am Rock: »Warum machen die das?« »Sie beten, weil der liebe Gott hier vorbeizieht.« Aufgeregt zeigte Karli auf den Priester mit der Monstranz unter dem Baldachin: »Der kleine Dicke da unter der Bude, Mama, ist das der liebe Gott?« – Zur Prozession in Catania, bei der eine Marienstatue durch die Stadt getragen wurde, verdeckte man das Geschlecht des Pferdes einer Reiterstatue, damit die Heilige Jungfrau nicht vor Scham erröte; zumindest die anwesenden Männer hatten aber sowieso ganz andere »Sorgen«, sie weideten sich lieber am Blick

der Jungfrauen aus Fleisch und Blut, die im Minirock erschienen waren ...
Manchmal kommt sie und hilft, die Jungfrau, manchmal geht man ihr entgegen: Wallfahrten zeitigen – neben der religiösen Motivation, etwas für das Seelenheil zu tun – den angenehmen Nebeneffekt, dass man in fremde Länder kommt, andere Kulturen kennenlernt. Einem Muslim legt eine der »fünf Säulen« seines Glaubens ans Herz, wenigstens einmal im Leben nach Mekka zu pilgern (die Stadt ist übrigens für alle Nicht-Muslime gesperrt). Wer das Gebot erfüllt hat, darf den Ehrentitel Hadschi tragen. Buddhisten drängen zu den Gräbern ihrer Meister, auch zum Zahn Buddhas. In Lourdes erwartet einen Christen nicht nur frommes Gedränge, lieblicher Gesang und Plastikkitsch, den Asiaten gern im Dutzend mitnehmen (Madonnenflasche mit abnehmbarer Krone für das heilige Wasser), sondern auch französische Lebensart. Doch Frau Knüttelkamp fährt dieses Jahr nicht mehr mit dem Pfarrer nach Lourdes: »Ich geh' diesmal nach Fatima, die Maria von Lourdes taugt nichts mehr.«
Schon vor tausend Jahren reisten Menschen aus Deutschland, Italien oder Schweden nach Santiago de Compostela in Spanien. Auch Rom war von Beginn des Christentums an ein ersehntes Ziel. Die Wege dorthin waren strapaziös. Doch belohnt wurde, wer in der Ewigen Stadt die Pilgerkirchen aufsuchte (und dabei immerhin 26 Kilometer an einem Tag zurücklegte!), nicht nur mit einem Ablass, sondern auch mit einer Kostprobe des dolce vita.
In alter Zeit kamen die Pilger zu Fuß. Wer sich nördlich der Alpen zu einer solchen Wallfahrt aufmachte, brauchte nicht nur eine unverwüstliche Gesundheit, sondern auch eine Menge Zeit. In unseren Tagen wollen es die Pilger bequemer haben – und wer kann sich schon eine solche Wanderexpedition erlauben? Der schnellste Weg führt heute mit dem Düsenjet in die italienische Haupt-

stadt. Die Flugzeit beträgt – je nach Ausgangspunkt – im Schnitt etwa nur zwei Stunden. Geduldiger muss sein, wer mit der Bahn oder dem Bus anreist. Von Berlin aus ist man fast einen Tag lang unterwegs. Doch auch hier gibt es eine leichte Umgewichtung: Nicht mehr Rosenkranzbeten und Andacht allein bestimmen den Tagesplan; der Wallfahrer unserer Zeit nutzt den Trip gern auch für touristische Vergnügungen, zum Shoppen, als Urlaub eben. Höhepunkt ist dann im Vatikan eine Audienz beim Papst. Die Ungeduld auf dem Petersplatz, bevor er kommt, die Erregung, wenn er dann zu sehen ist – all das steht einem Popkonzert in nichts nach. Mag sein, die Christen verhalten sich im Schnitt zurückhaltender als die Fans eines Sängers; dafür zieht der Papst Zuschauer aller Altersgruppen und sozialen Schichten an. Da sich aber nicht jeder eine Reise in die Ewige Stadt erlauben kann, machte sich Johannes Paul II. als Hirte auf zu seinen Schäfchen in der ganzen Welt. Applaudiert wurde dabei dem Papst aus Polen wie keinem anderen. Zu den von ihm initiierten internationalen Jugendtagen kamen rund 500.000 Teilnehmerinnen und Teilnehmer, im Heiligen Jahr 2000 waren es gar zwei Millionen. Alexander Foitzik nahm zur Kenntnis, dass gerade Journalisten säkularer Medien über die katholischen Mega-Events staunen. »Angesichts dieser Eindrücke attestieren sie der doch oft als weltfremd und verstaubt apostrophierten Kirche nicht nur brillante Inszenierungen und Dramaturgien, sondern vor allem ein ausgeprägtes Sensorium für die erlebnis- und erfahrungsbezogenen, emotionalen Bedürfnisse der Jugendlichen, ein sicheres Gespür für religiös-kulturelle Trends.«

Bleibt zum Thema Wallfahrt nur noch von den zwei Pilgern zu erzählen, die nebeneinander wandern. Der eine klagt, der andere pfeift. Der Klagende jammert: »Die Erbsen in den Schuhen tun so weh! Aber das macht man doch, der Zerknirschung wegen!« Der Pfeifende bedauert den anderen. Auch er hat Erbsen in den Schuhen, doch er hat sie vorher gekocht ... Ihr Ziel? Vielleicht ein Partikel des Heiligen Kreuzes (alle zusammen genommen ergäben das Volumen des Schwarzwaldbaumbestandes) oder das Gewand Jesu (dessen Größe der eines Zirkuszeltes entsprochen haben muss). Der Heilige Rock in Trier immerhin ist echt; in der Tasche fand man die Einladung zur Hochzeit zu Kana.

Die anderen

Palmsonntag, Anfang der neunziger Jahre. Jerusalem, Grabeskirche. Dutzende orthodoxer Priester, gekleidet mit golddurchwirkten, knöchellangen Gewändern und schwarzen schleierartigen Kopfbedeckungen – einige, wohl Bischöfe, tragen Kronen auf dem Haupt –, dazu ein Heer von Mönchen mit langen Bärten, ziehen in langer Prozession unablässig Kreise durch das schummrig beleuchtete Gotteshaus. Sie singen Verse in fremder Sprache; die monotonen Melodien wiederholen sich endlos. Die Luft hängt schwer in dem alten Gemäuer, ein Gemisch aus Weihrauch, Kerzenruß und Schweiß. Am Rande stehen Gläubige, die sich anscheinend unaufhörlich auf Kopf, Brust und Bauch bekreuzigen, nachlässig allerdings, denn neben dem träge wie Lava fließenden Strom der Kleriker hat ein Gottesmann einen kleinen Verkaufsstand eröffnet, wo man heiliges Wasser und ebensolches Öl erwerben kann, dazu Bildchen und Kreuze.
Ich erlebte diese Szene (als einziger Katholik) inmitten einer evangelischen Pilgergruppe aus der Nähe von Düsseldorf. Was mir als ein sakrales Schauspiel gefiel und mich entfernt an die Feierlichkeiten im Kölner Dom anlässlich des Dreikönigstages erinnerte (schließlich ruhen der Legende nach die Monarchen in der Kathedrale am Rhein), was mich also in einem positiven Sinne ›unterhielt‹ – das stieß die protestantischen Schwestern und Brüder einfach nur ab. Man schüttelte den Kopf, suchte bald das Weite und kommentierte (dieser Vorwurf dünkte mich besonders ungehörig): »Das ist ja Fanatismus!« Diese ungewohnte Art der nahöstlichen Spiritualität schien von den eigenen Frömmigkeitsbezeugungen so meilenweit entfernt, dass man sich einer anderen Religion zugehörig

wähnte. Konnten die Aufführenden dieses Spektakels tatsächlich Christen sein? – Wie sehr würde mich interessieren, was umgekehrt ein Pope aus dem Heiligen Land in der Friedenskirchen-Gemeinde zu Monheim empfände: Eine Stunde lang auf dem Hintern sitzen, lange Reden still anhören, getragen die Lieder singen (Strophen 1–3, 5, 8, 9–12) und bei allem ein möglichst ernstes Gesicht machen ...

Es lebe der konfessionelle Unterschied! Es ist wie bei staatlichen Grenzen: Je mehr die Globalisierung voranschreitet, die Welt zusammenwächst und kulturelle Unterschiede nivelliert, desto größer wird bei vielen Menschen das Bedürfnis, den eigenen Standpunkt über Lokalpatriotismus zu definieren. In der Kirche verhält es sich ebenso: Theologisch mögen alle Christen auf der ganzen Erde zur einen ›Ecclesia‹ gehören (außerhalb derer es kein Heil gibt), die zugleich katholisch ist (allumfassend), evangelisch (aus dem Evangelium lebend) und orthodox (im rechten Glauben). Dieses Phänomen kennen auch andere Religionen. Die ›umma‹ vereint alle Muslime; die ›sangha‹ umfasst alle Buddhisten; alle Juden bilden das ›auserwählte Volk‹. Doch allen Einigkeitsbeteuerungen zum Trotz siegt das Bedürfnis nach Abgrenzung, überall bilden sich Konfessionen, Denominationen, Schulrichtungen, Splittergruppen. Es siegt anscheinend das Bedürfnis nach kleineren, überschaubaren Gemeinschaften. Als außenstehender Betrachter fragt man sich, was eigentlich orthodoxe, konservative und Reformjuden grundlegend unterscheide, wo denn der Konflikt zwischen Sunniten und Schiiten zu suchen sei und was jetzt das ›Große Fahrzeug‹ vom ›Kleinen Fahrzeug‹ im Buddhismus trenne. Gehört man selbst dazu, dann denkt man mitunter, ›die anderen‹ seien schlichtweg Heiden, weil sie einen anderen als den eigenen Weg beschreiten.

Bei den Christen ist das ganz ähnlich. Man erkläre mal jemandem, der keine Vorstellung von dem hat, was ›Gott‹ sei, warum Katholiken und Protestanten zwei Konfessionen benötigen, um ihren Glauben angemessen leben zu können. Mit bunten Messalben und schwarzen Talaren wird man nicht weit kommen. Das Wissen voneinander ist schon bei den christlichen Geschwistern arg begrenzt. Die Volkskundlerin Christel Köhle-Hezinger erforschte Mitte der siebziger Jahre in Baden-Württemberg konfessionelle Vorurteile und Konflikte. Was sie damals untersuchte, dürfte sich bis heute kaum gravierend verändert haben. Sie befragte unter anderem Kinder nach ihren konfessionellen Kenntnissen: »Die Kenntnis der konfessionellen Unterschiede nahm sichtlich in dem Maße ab, wie dem Lebensbereich der Kinder die eigene konfessionelle Anschauung fehlte. Im rein evangelischen Dorf war – außer beim Pfarrerskind – praktisch keinerlei Wissen über ›die Katholischen‹ vorhanden. Lediglich hie und da wusste man etwas von einem ›Kreuz‹, von ›so einer Kette‹ der Katholischen. Bei teilweise spezifizierten Fragen mogelte man sich pauschalierend durch, was schließlich einen Jungen – bei der vierten Frage, der nach Maria und den Heiligen – zu dem Satz veranlasste: ›Das kann doch nicht jeder wissen!‹ Im gemischtkonfessionellen, stadtnahen Ort war das ›konfessionelle Wissen‹ weit besser und zugleich eindeutiger. Hier gab es die häufigsten Nennungen bei dem, was man bei der anderen Konfession *sehen* kann und selber nicht hat: einigen wenigen kultischen Bereichen wie der Konfirmation, der Trennung in Erwachsenen- und Kindergottesdienst, der ›Schaufel Dreck‹, welche die Evangelischen ›bei Beerdigungen auf den Sarg schmeißen‹, den ›komischen Stunden‹ der alten Leute am Sonntagnachmittag. Das Hauptinteresse galt dem fremden, ›viel strengeren Pfarrer, der im Religionsunterricht viele Sprüche lernen‹ lässt und nicht – wie der eigene, katholische Pfarrer – ›so lustige Spiele‹ macht. Neid er-

weckte allenfalls das ›Weihnachtsgeschenk im Kindergottesdienst‹; es scheint das derzeit höchstrangige, meistbegehrte Statussymbol auf der anderen Seite zu sein. Es jedoch zu tauschen gegen das entsprechende, höchstgeachtete eigene – dazu wäre man auf keinen Fall bereit: Dem schwarzen Konfirmationskleid zieht man das weiße Kleid bei der Kommunion bei weitem vor.«
Anderen religionssoziologischen Erhebungen zufolge werden vom gläubigen Volke bestimmte Eigenheiten als konfessionsunterscheidend ausgemacht: der Zölibat der Priester etwa (und damit die Ehe der evangelischen Pastoren) oder die katholische Beichte, die zwar lästig scheint, aber auch wieder ›drei Wurf frei‹ garantiert. Einige vermeintliche Unterschiede entpuppen sich schnell als bloße Vorurteile, weil sie von beiden Seiten vorgebracht werden: etwa, die andere Kirche sei weniger fromm als die eigene, oder sie sei geldgierig. Katholiken halten Evangelische für verbissen, Evangelische die Katholischen für leichtlebig. Elisabeth Raiser, Präsidentin des Ersten Ökumenischen Kirchentages in Berlin 2003, merkt augenzwinkernd an, nicht ohne Grund würden wohl die Generalsekretäre des Ökumenischen Rates der Kirchen einen Peugeot als Dienstfahrzeug benutzen (straffgefedert, nüchtern, solide), die Päpste hingegen lange Zeit Citroën oder Fiat (bevor die Schwaben Mercedesse schenkten). Wirkliche theologische ›Essentials‹ der konfessionellen Unterscheidung, wie die abstrakten Fragen der Rechtfertigung oder die Ämterlehre, sind bei den ›Laien‹ praktisch unbekannt. Meine Mutter erzählte von ihrer ersten schmerzhaften Begegnung mit dem Protestantismus: Kurz vor dem Zweiten Weltkrieg, als Sechsjährige, nahm sie mit ihrer Mutter an einem evangelischen Trauergottesdienst für eine Nachbarin teil. Das Weihwasserbecken suchte sie an der Eingangstür vergebens und erntete dafür nur einen gestrengen Blick der Frau Mama;

als sie sich dann in der Bank hinknien wollte, wie sie es gewohnt war, landete sie mangels Kniebank unsanft auf dem kalten Steinboden und schlug sich das Kinn an der Vorderbank auf.
Jürgen aus Berlin kolportierte, in seiner oberpfälzischen Heimat habe seine evangelische Mutter ihm manchmal im Zorn gedroht: »Ich mach dich noch katholisch!«, was wohl so viel bedeutete wie: wenn du nicht spurst, bekommst du einen hinter die Löffel.
Petrus führt einen evangelischen Neuankömmling durch den Himmel und bittet ihn, an der nächsten Türe leise vorbeizugehen. Nach dem Warum gefragt, antwortet Petrus: »Dahinter sind die Katholiken, und die wollen glauben, sie wären allein hier.« (Es gibt auch eine umgekehrte Variante.)
Stärkerer Tobak: Eine junge Frau möchte ins Kloster eintreten. Sie sitzt der Äbtissin gegenüber und muss noch etwas reuig bekennen. »Ehrwürdige Mutter, früher einmal war ich ...«
»Ja, mein Kind?« Die Oberin lächelt gütig.
»Also, früher einmal, da war ich P...«
»Ja?«
»Es ist schon lange her, aber ich war einmal Pr...«
Die Äbtissin runzelt die Stirn.
Die Anwärterin schluckt: »Ich war einmal Pro...«
Die Äbtissin reißt die Augen auf.
»Ich war einmal Prostituierte!«
»Ach so«, seufzt die Äbtissin erleichtert, »ich dachte schon, Protestantin.«
Doch Konfessionsunterschiede bergen auch Vergünstigungen. Ein evangelischer Pfarrer wetterte öfters dagegen, dass die Jungen des Ortes im Flüsschen nackt badeten. Als er sich einmal der Badestelle näherte, stoben die Kinder davon. Bis auf einen. Diesen Nackedei donnerte der Pfarrer mit einer Strafpredigt an. Der Junge hörte sie

ungerührt bis zu Ende an und stellte dann trocken fest: »Ich bin katholisch!«

Katholisch ist auch Mr. Bloom in James Joyces Roman ›Ulysses‹. Dieses Werk des irischen Literaten gleicht in mancher Beziehung der Bibel: Es ist umfangreich (fast 1000 Seiten auf Dünndruckpapier) und es unterhält vortrefflich, unter der Bedingung, dass man nicht den Anspruch erhebt, zu verstehen, um was es eigentlich geht. Kurzum, Mr. Bloom wohnt einem katholischen Gottesdienst bei; und allerhand Gedanken schwirren durch seinen Sinn. Solche: »Wie lange ist das eigentlich her, dass du zuletzt in der Messe warst? Gloria und unbefleckte Jungfrau. Joseph, ihr vertrauter Mann. Peter und Paul. Viel interessanter, wenn man verstünde, um was es sich ja jeweils dreht. Aber als Organisation bestimmt ja phantastisch, läuft wie ein Uhrwerk. Die Beichte. Jeder drängt danach. Dann will ich Dir auch alles erzählen. Buße. Bestraf mich bitte. Starke Waffen in ihren Händen. Viel mehr als ein Arzt oder Rechtsanwalt. Weiber sind richtig wild drauf. Und ich habe geschschschschschsch. Und hast du auch gechechechecheche? Und warum hast du? Blickt nieder auf ihren Ring, sucht nach einer Entschuldigung. Flüstergalerie, Wände haben Ohren. Gatte erfährt zu seiner Überraschung. Kleiner Scherz vom lieben Gott. Dann kommt sie raus. Reue, hauttief. Entzückende Scham. Gebet vor einem Altar. Gegrüßet seist du und Heilige Maria. Blumen, Weihrauch, schmelzende Kerzen. Verbirgt ihr Erröten. Heilsarmee bloß eine himmelschreiende Nachahmung. Geläuterte Hure wird zur Versammlung sprechen. Wie ich den Herrn fand. Müssen ganz schön was auf dem Kasten haben, die in Rom: deichseln den ganzen Laden. Und Geld, das scheffeln sie doch auch wie nichts. (...) Messen für die Ruhe meiner Seele öffentlich zu lesen bei offenen Türen. Mönchs- und Nonnenklöster. Im Testamentfall von Fermanagh: der Priester im Zeugenstand.

Durch nichts aus der Fassung zu bringen. Für alles eine Antwort parat. Freiheit und Höhere Ehre unserer heiligen Mutter Kirche.«

Frivolität, Sarkasmus, Detailkenntnis – diese explosive Mischung hat schon 1922, als das Buch erschien, für Aufruhr gesorgt. Joyce reduziert die katholische Religion auf ihre Unzulänglichkeiten; das wäre für eine ausgewogene, zielorientierte Debatte zu wenig, doch eine solche war ja gar nicht das Anliegen des Literaten. Er lässt seine handelnden Akteure Erfahrungen machen, die sich mit seinen eigenen Erfahrungen decken. Das schafft Erleichterung. Auch bei den Lesern.

Ein anderer Kritiker des Katholizismus sprach ebenfalls aus eigener Erfahrung: Martin Luther. Messen, Wallfahrten, Gelübde, Reliquien – all den frommen Tand warf er hinaus (wenngleich er einen Bildersturm, der Kunstwerke zerstörte, ablehnte). Er zauderte nicht und sprach eine Sprache, dessen Diktion sich für ökumenische Konsultationen des 21. Jahrhunderts kaum noch anschickt: »Ein bübisches, hurerisches Leben führt ihr päpstlichen Bischöfe; im Blut und Schweiß der Armen mästet ihr eure Wollust und Prangen; mit Lügen und Trügen raubt ihr jedermann sein Gut; mit Bannen und Tyrannen martert ihr die Welt an Seele, Leib und Gut; das Evangelium predigt ihr nicht und tut nicht allein kein geistlich bischöfliches Amt, sondern wehrt und verbietet auch anderen zu predigen, verjagt und verfolgt sie; und seid doch dieweil nicht mehr denn gehässige, feindselige Larven, welche vor unerträglichen Bürden, Tyranneien, Untugenden, Schanden und Lastern die Welt nimmer kann noch will tragen.«

Während meines Theologiestudiums hörte ich auch Vorlesungen in Kirchengeschichte. Einmal stellte der Professor die (rhetorische) Frage: »War die Reformation notwendig oder war sie nicht notwendig?« Und bevor sich irgendein Student zur Sache melden konnte, antwortete der alte Herr selbst: »Sie war nicht notwendig!« Damals entlockte mir das bloß ein müdes Schmunzeln, heute kann ich mit Überzeugung dagegenhalten: Die Reformation war notwendig! Die aus dem konfessionellen Streit hervorgegangen Kriege (denen in der Regel reine Machtinteressen zugrunde lagen und keine theologischen Feinheiten) schmerzen als Beweis christlicher Armseligkeit. Doch die mit dem ›neuen‹ (andere sagen: wiederhergestellten) Glauben einhergehende Freiheit von kirchlich gelenkter Reflexion ermöglichte entscheidende Schritte zur Individualisierung des modernen Menschen. In diesem Sinne sind wir heute alle Protestanten.

Allerdings, die Segnungen der Reformation müssen auch relativiert werden. Der Kulturhistoriker Egon Friedell fragte, was die Reformation im großen gerechnet für die europäische Kultur bedeute. Seine Antwort: »Sie bedeutet nicht mehr und nicht weniger als den Versuch, Leben, Denken und Glauben der Menschheit zu säkularisieren. Seit ihr und mit ihr kommt etwas flach Praktisches, profan Nützliches, langweilig Sachliches, etwas Düsteres, Nüchternes, Zweckmäßiges in alle Betätigungen. Sie negiert prinzipiell und zielbewusst aus platt kurzsichtigem Rationalismus eine Reihe von höheren Lebensformen, die bisher aus der Religiosität geflossen waren und allerdings vom Standpunkt einer niederen utilitaristischen [an der Nützlichkeit orientierten; G.S.] Logik kaum zu rechtfertigen sind. Alle Kindlichkeit weicht aus dem Dasein; das Leben wird logisch, geordnet, gerecht und tüchtig, mit einem Wort: unerträglich.«

Ein hartes Urteil! Unlogik und Irrationalität schienen Friedell erträglicher als protestantische Gradlinigkeit. In die gleiche Richtung geht das wohlmeinende Lob des (anglikanischen und damit protestantisch geprägten) Kulturphilosophen John Cowper Powys. In seinem Werk »Kultur als Lebenskunst« (1929 in England erschienen) bedauert er, ein kulturinteressierter Mensch könne aus der »modernistischen« Religion für seinen eigenen Bedarf nur wenig herausziehen. Freundlich seine Anmerkung über den Katholizismus, der eine ehrerbietige und sanfte Feinfühligkeit hervorbringe, »und die wichtigste und vielleicht schönste Frucht dieses Aberglaubens ist eine gelungene Mischung aus Verantwortungslosigkeit und argloser kindischer Leichtgläubigkeit. Viele feine Schattierungen für die Kultur des Ich kann man aus diesen beiden Dingen gewinnen, aus der seelischen Leichtigkeit und aus dem romantischen Bewusstsein von der magischen Seite der Wirklichkeit.« – Zugegeben, nicht jedem wird diese schmeichelhafte Preisung der Extraklasse munden ...

Also, was unterscheidet denn Katholiken und Protestanten nun wirklich? Der Papst? Die Bibel? Die Buntheit? Anzahl und Interpretation der Sakramente? Eine Antwort gibt meine Freundin Yvonne Roche-Harth, eine Autorin aus Irland, mit ihrer Kurzgeschichte von ›Lizzy‹. Die Sechsjährige lebt 1959 in einer kleinen Provinzstadt der Grafschaft Cork. Sie ist mit Paul befreundet, einem Jungen aus England. Das bedeutet: einem Protestanten. In Irland! 1959! Die Eltern dulden das. Noch nie hat Lizzy eine protestantische Kirche von innen gesehen. Und dann, am Tag vor ihrer Einschulung, saust sie mit Paul durch den Ort, der Hund Rex ist auch dabei. Und plötzlich stoppen sie vor der protestantischen Kirche.

»›Lass uns reingehen‹, flüsterte Lizzy. Sie hielt Pauls Hand ganz fest und ging langsam aber sicher durch die Tür. Drinnen war es ziemlich düster und roch etwas seltsam. Ein Meer von Blumen umringte den Altar.

›Ob der Gott mir jetzt böse ist?‹

Sie blieben nicht sehr lange drinnen, aber lange genug für Lizzy, die Entdeckung ihres kleinen Lebens zu machen.

›Ich weiß es jetzt, ich weiß es. Endlich kenne ich den Unterschied zwischen Protestanten und Katholiken. Die

Protestanten haben Kissen. Rote, weiche Kissen auf den Sitzbänken.‹«

Diese nette Begebenheit eignet sich, das Gemeinsame zu betonen und Frieden zu schließen. Doch die unterschiedlichen Glaubensrichtungen haben die notwendige Aufgabe der Abgrenzung. Notabene: der Abgrenzung, nicht der Ausgrenzung. Wie ein solches Ansinnen treffend aufs Korn genommen werden kann, zeigen die beiden folgenden Geschichten:

Ein Schwarzer bittet bei einer sehr exklusiven und wohlhabenden Gemeinde in New York um Aufnahme. Der Pastor druckst herum: »Hm, wissen Sie, ich weiß nicht, ob unsere Gemeinde, äh, einen schwarzen Herrn, bitte verstehen Sie mich nicht falsch, äh, aufnehmen würde. Wollen Sie nicht nach Hause gehen und zum Herrn um Licht in dieser Sache beten?« Der Schwarze befolgt den Rat des Pastors und kommt nach einer Woche wieder. Dem Pastor ist unbehaglich zumute. Ob er zum Allmächtigen gebetet habe? »Ja«, antwortet der Schwarze, »und der Allmächtige hat geantwortet: ›Nimm dich in Acht vor dieser exklusiven Gemeinde. Ich selbst habe seit zwanzig Jahren versucht hineinzukommen, aber es ist mir nicht gelungen!‹« (In einer beißenden Variante aus der Zeit der Rassentrennung droht ein Weißer einem Schwarzen, der eine weiße Kirche fegt: »Wehe, ich erwische dich hier beim Beten!«)

Und James H. Cone berichtet davon, wie ein weißer Prediger einer schwarzen Gemeinde erklärte, im Himmel gebe es eine Art Scheidewand, die weißen Heiligen auf der einen, die schwarzen auf der anderen Seite. Nach der Ansprache wurde der schwarze Älteste aufgefordert ein Gebet zu sprechen. Er betete: »Herr, wir danken dir für den Bruder Prediger, der zu uns gesprochen hat. Wir danken dir für den Himmel, wir danken dir, dass wir alle in den Himmel kommen. Was aber die Scheidewand angeht.

Herr, da danken wir dir, dass wir ein lautes Volk sind, wir danken dir, dass wir so laut rufen können, dass wir damit die Scheidewand einreißen und uns über den ganzen Himmel verteilen können. Wir danken dir, dass, wenn die Weißen das nicht ertragen können, sie den Himmel verlassen und anderswo hingehen können.«

Religion scheint in der konsumorientierten Spaßgesellschaft nur noch eine marginale Rolle zu spielen, was gravierende Schwächesymptome an den Tag bringen: Christliches Wissen schwindet, die Kirchen werden leerer, die Moral freizügiger. Die Energie früherer Zeiten – wo ist sie geblieben? Kurt Tucholsky zollte dem Christentum einmal ironisch Anerkennung: »Dass zum Beispiel protestantische Missionare aus Asien unbekehrt wieder nach Hause kommen – das ist eine große Leistung.«

Das Christentum hat in unseren Breitengraden seine Selbstverständlichkeit eingebüßt. Brechend volle Kirchen am Heiligen Abend und prachtvoll arrangierte Trauungen vor dem Altar dürfen nicht darüber hinwegtäuschen, dass die Hoffnung auf ein Wiedererstarken der Volkskirche ebenso unrealistisch ist wie auf wirtschaftliche Vollbeschäftigung. Werden unsere Kinder diese Traditionen noch weitertragen? Und deren Kinder? In Schottland sah ich ausrangierte Gotteshäuser, die mangels angemessener Inanspruchnahme als Büros für Makler und Versicherungsagenturen, als Friseursalon, Sporthalle und Buchhandlung genutzt werden. In einer wurde gar ein Pub eingeweiht.

Die Verantwortlichen auf allen Ebenen unserer Kirchen – von der Landesbischöfin bis zum Pfarrgemeinderatsvorsitzenden – haben sich künftig noch stärker mit den Säkularisierungstendenzen der Gesellschaft auseinanderzusetzen. »Weiter so«, weil's doch bisher so nett war, gleicht einem Verrat an den nachfolgenden Generationen. Man muss auf veränderte Verhaltensweisen reagieren. Auch

Religionen funktionieren in bestimmter Hinsicht nach dem Prinzip von Angebot und Nachfrage. Wenn das christliche Angebot die Nachfrage nach Sinngebung, Gemeinschaftserlebnis und Transzendenzerfahrung nicht stillt, dann werden andere Anbieter als die Kirchen auf den Markt drängen. Die New-Age-Welle der neunziger Jahre ebbt zwar wieder ab. Tai Chi, indianische Sonnenrituale, japanische Teezeremonien, kosmisches Bewusstsein, afrikanischer Tanz, Sieben Tibeter und Tarotkartenlegen, manches kam und ging. Doch die traditionelle Religion profitierte nicht mehr vom wieder nachlassenden Interesse an diesen Exotika.

Man nimmt an, dass weltweit mehr als 30.000 verschiedene Konfessionen existieren. Die Zahl der Religionen steigt, weil sich die Bedürfnisse immer mehr spezialisieren und die Religionsgemeinschaften auf die individuellen Wünsche eingehen wollen. So gibt es Glaubensgemeinschaften nach Ländern oder Sprachen sortiert (»Vietnamesisch evangelische Gemeinde Hamburg«) oder gar nach der sexuellen Orientierung: für Lesben und Schwule halten die Metropolen eigene Gemeinden im Angebot. Doch auch der durchschnittliche Gläubige bleibt nicht automatisch beim Angestammten. Der Soziologe Rodney Stark von der University of Washington untersuchte neue Religionsbewegungen. Adrian Kreye hat dessen Ergebnisse zusammengefasst: »... im Gegensatz zu seinen Kollegen aus den theologischen Fakultäten sagt Stark, es sei keineswegs der Glaube selbst, der den Erfolg ausmache. Es ginge in erster Linie darum, ein Netz von Beziehungen zu schaffen, das vor allem für die Zuwanderer in den rapide anwachsenden neuen Metropolen die traditionellen sozialen Netzwerke ersetzt, egal ob auf Manhattans Lower Eastside, in den Favelas von Rio oder den Slums von Lagos. In Afrika, wo die Wirtschaft die Menschen zu extremer Mobilität zwingt, bilden die Kirchen zum Beispiel

Überlebensgemeinschaften, die jenseits von Stammes- und Ländergrenzen Arbeitsplätze, soziales Leben und den Kontakt zu potentiellen Lebenspartnern anbieten. Wer als erwachsener Mensch einer Glaubensgemeinschaft beitritt, der fällt eine ganz rationale Entscheidung, sagt Stark. Und gerade für diese Theorie seiner Arbeit wurde er von den theologischen Fakultäten oft angegriffen. Denn Stark behauptet, die rationale Entscheidung beruhe auf einer Kosten-Nutzen-Rechnung, die Religionen heute dazu zwinge, sich auf dem freien Markt der Glaubensrichtungen nicht nur anzubieten, sondern in dem religiösen Wirtschaftssystem der ›Religious Economy‹ regelrecht zu verkaufen. Gerade in einem Umfeld wie einer Großstadt, in dem das Angebot und somit auch die Konkurrenz der Religionen am größten sei, würden Gläubige ihre Religionszugehörigkeit permanent überprüfen.«
Wenn also praktische Dinge für den Erfolg einer Glaubensgemeinschaft von Belang sind – etwa die Infrastruktur der Gemeindeimmobilien, das Equipment des Verwaltungsbüros oder die Qualität der im Gottesdienst agierenden Musiker (ist ein Saxophon dabei?) –, was bringen dann noch altbackene Bräuche?
In einem Zugabteil kamen vier Herren miteinander ins Gespräch. Einer von ihnen, ein Schwede, packte seinen Reiseproviant aus und bot davon den anderen an: Aquavit aus einer Reiseflasche mit Silberbecherchen, Eier und schinkenbelegte Sandwichs. Jeder langte dankbar zu, aber mit Einschränkungen. Der eine lehnte höflich den Aquavit ab: »Danke, aber ich bin Muslim, ich trinke keinen Alkohol.« Der andere verzichtete auf das Schinkenbrot: »Wir Juden essen nichts vom Schwein.« Der dritte wies ebenfalls das Schinkensandwich ab: »Heute ist Freitag, ich bin katholisch.« Der Schwede konnte gar nicht verstehen, warum diese Männer aus Glaubensgründen auf etwas so Gutes verzichteten. »Aus Liebe zu Gott ver-

zichten wir gern«, antwortete der Katholik. Er glaube auch an ein höheres Wesen, brummte der Schwede etwas eingeschnappt. »Und worauf verzichten Sie?«, informierte sich der Jude. Peinliche Pause. Und dann, um nicht hinter den anderen zurückzustehen, sagte der Schwede schnell: »Aufs Beten.«

Ist das Christentum an diesem Punkt angelangt: es ist erlaubt, alles zu glauben, zu tun, zu lassen, damit nur ja keiner vor den Kopf gestoßen wird? Das würde in Saft- und Kraftlosigkeit enden. Vielleicht macht diese Religion auch nur eine ihrer vielen Krisen durch? – Ein kirchengeschichtlich engagierter Mensch wollte einmal Stoff sammeln über die Verruchtheit des Christentums und anhand der Ergebnisse nachweisen, dass ein guter und vernünftiger Mensch diesen Glauben zu meiden habe. Nach Jahren kam er zu der Überzeugung: Eine Religion, die so viel ausgehalten hat, kann nicht so falsch sein ...

Napoleon: »Begreifen Sie, dass ich imstande bin, Ihre Kirche zu zerstören?«

Kardinal Consalvi: »Sire, nicht einmal wir Priester haben das in achtzehn Jahrhunderten zustandegebracht.«

Alles Kirche, oder was? Ja! Die Kirche hat eben solche und solche, Krämerseelen und Mystiker, Buchhalter und Charismatiker. Im Heiligenkalender sind nicht alle verzeichnet, die unsere Anerkennung verdienen (und auch nicht alle, die verzeichnet sind, verdienen sie). Ungezählte Heilige bleiben anonym, weil sie diskret handeln. Deswegen soll hier exemplarisch von Bertha die Rede sein, einer Quäkerin aus Berlin. Zwischen den Weltkriegen kümmerte sie sich um entlassene Strafgefangene. Einmal kam einer zu ihr und sie lud ihn zum Kaffee ein. Doch es war kein Gebäck im Haus. Und Bertha hatte gerade nur einen Fünfzig-Mark-Schein zur Hand. Was tun? Selbst zum Bäcker gehen und den Mann allein in der Wohnung lassen? Oder ihm das Geld anvertrauen auf die Gefahr hin, er brenne damit durch? Bertha schalt sich selbst ihres Misstrauens wegen und gab dem Mann das Geld; er kam nicht wieder. Nach einer Woche erreichte sie von ihm eine Postkarte: »Liebe Bertha, du bist doch knorke, ick hatte schon geglobt, du würdest mir anzeigen!« – Auch eine ›Kirchen-Geschichte‹.

Wenn die Kirche, die man gern mit dem Symbol des Schiffes vergleicht, untergehen sollte, wird immer noch ein Mast oben rausgucken. Bertha sei Dank.

Nicht sauber, aber rein

Heutzutage ist es nicht ungewöhnlich, wenn man den Kleinen im Kindergottesdienst zu Beginn »Viel Spaß!« wünscht. Eigenartig, mag man denken: Gehört denn das Spaßmachen, das Unterhalten zur Kompetenz der Religion? Können das nicht andere besser, das Fernsehen beispielsweise?

Sicher ist Zerstreuung kein religiöses Kernthema. Doch in unserer Spaßgesellschaft verliert die Religion offensichtlich an Attraktivität, wenn sie sich nicht den Bedingungen der Zeit unterwirft: immer kurzweilig sein, nie langweilen! Wie Nachrichtensendungen den Gestus des Seriösen zugunsten des »Infotainments« geopfert haben, achtet neuerdings auch die Religion immer mehr darauf, wie sie »ankommt«.

Dafür werden schon heute die Dienste von Werbeagenturen in Anspruch genommen. Sie entwerfen flotte Slogans und Plakatwände, die – neben Zigarettenreklame – für den Besuch eines Gottesdienstes werben. Wer kommt, erwirbt einen Mehrwert in Form von Seelenfrieden. Auch bedruckte Streichholzbriefchen oder Würfelzuckerpäckchen sollen zum Kirchgang anreizen. Die Pfarrer schickt man in professionelle Rhetorikseminare, welche von Schauspielern geleitet werden: Gestik und Mimik müssen stimmen. Wer den Kurs erfolgreich abgeschlossen hat, wird seinen Gottesdienst wie eine Talkshow aufziehen. Dabei sind auch andere Details zu beachten, wie ein »Kleiner liturgischer Knigge« der Evangelischen Kirche in Deutschland bemerkt: Für die Kanzel eignen sich demnach keine Stöckelschuhe, Cowboy- oder Schaftstiefel, Turnschuhe, Pantoffeln oder Freizeitsandalen; ebenso möge der Prediger auf starke Parfüms, Deodorants und eine Armbanduhr verzichten (wobei ich anzufragen wage, ob nicht reformatorische Predigten jetzt schon an Überlänge leiden?). Von all dem sieht man nichts in kirchlichen Privatradios, die den Spagat wagen: Popmusik und seichte Vermischt-Infos sollen Hörer auf die Frequenz locken, und dann kommt zur besten Sendezeit ein Häppchen Verkündigung.

Im günstigsten Fall gehen Unterhaltung und Verkündigung eine Symbiose ein. Das Teeniemagazin »Popcorn« berichtete im Mai 2002 von Popstars, die »im Namen des Herrn« rocken und rappen: Xavier Naidoo, Marlon, Beatbetrieb, Normal Generation? oder P.O.D. heißen die Sänger und Gruppen, die auf der Bühne fetzige Loblieder auf Gott darbringen. Ein neuer Trend? »Popcorn« weiß von einer »Götterdämmerung in der Musikszene« zu berichten: »Immer mehr christliche Acts rocken die Charts! Zu den neuen Glaubensboten gehören auch die wilden Nu-Rock-Jungs von P.O.D., die mit der Hymne ›Alive‹ wochenlang die Top 20 beherrschten. Die Missionare des 21. Jahrhunderts tragen keine schwarzen Kutten, sondern Street-Wear, Dreadlocks und fette Tattoos. ›Wir sind Christen‹, bekennt P.O.D.-Frontmann Sonny. ›Unsere Songs haben eine klare Botschaft.‹ Bereits der Bandname ist Programm: P.O.D. ist die Abkürzung für ›payable on death‹ (dt.: Abrechnung beim Tod). Sonny: ›Unser Leben hier ist nur eine Bewährungsprobe für das, was danach kommt. Die Rechnung für gute und schlechte Taten ist spätestens beim Tode fällig, dann kommt das Jüngste Gericht. Himmel oder Hölle – entweder wirst du gerettet oder du bist verloren in der ewigen Finsternis.‹ Traa, Wuv, Marcos und Sonny werden nicht müde zu erzählen, dass auch sie auf dem sicheren Weg in die Hölle waren, hätte Jesus sie nicht errettet. Sonny: ›Wir kommen aus den Slums von San Diego, wo Drogen, Gewalt und Prostitution das Leben bestimmen. Wir sind gegen das Böse.

Wenn mir heute einer ins Gesicht spuckt, schlage ich nicht mehr zurück, sondern bete für den Übeltäter.‹«

Trotz ähnlichem Vokabulars und anrührender Bekehrungsgeschichten haben wir es hier offensichtlich nicht mit einer zeitgenössischen Neuauflage der Heilsarmee zu tun: viele der Popgruppen legen allem bibelorientierten Glaubenseifer zum Trotz Wert auf die Feststellung, dass sie explizit nicht missionieren wollen. Was denn dann? Einfach nur mal so nebenbei Gott ins Spiel bringen und den Namen Jesus erwähnen? Oder geht es einfach um kommerzielle Interessen, mit frommen Texten oder ohne?

Also nicht in der Kirche, sondern in der Disco hören Jugendliche gesungene Predigten. Das Monopol der Kirchen auf Religion scheint in Auflösung begriffen. »Kirche ist nicht mehr exclusiv für Religiöses, für Sinnfragen zuständig«, stellen auch Holger Tremel und Inge Müller in der Einleitung der Dokumentation »Das Paradies im Angebot« zum Thema »Religiöse Elemente in der Werbung« fest. Sie fahren fort: »Nahezu selbstverständlich benutzt auch die Werbung religiöse Elemente. Symbole, Bilder, Worte mit religiösem Inhalt werden unbefangen verwandt, in andere Zusammenhänge gestellt, uminterpretiert. Die Kirche wäre allerdings falsch beraten, ›von oben herab‹ oder aus dem Schmollwinkel heraus Vorwürfe an die Werbebranche zu erheben. Die Kritik würde auf sie selbst zurückfallen: Auch sie hat ihre Symbole zum Teil anderen Religionen und Kulturen entnommen, im Dienst ihrer Botschaft eingesetzt und zeitweise planmäßig genutzt. Nahe läge der Verdacht: hier neidet eine traditionsreiche Institution einer jungen Branche die Erfolge.«

Also dann, freie Fahrt für Engel im Kleinwagen oder hantierend mit himmlischen Haushaltsgeräten; Gottes Boten passen auch gut zu Likör und Sekt. Pfarrer stehen eher für Espresso, Pralinen und Linsentopf in der Konserve. Der

deutsche Werberat rügte allerdings jene Anzeige, in der ein Priester neben einer Hausfrau vor der Geschirrspülmaschine steht, dazu der Text: »Es gibt weiß Gott kein Mittel, das mehr Glanz in unseren Haushalt bringt.« Beanstandet wurde auch die ganzseitige Abbildung eines gefüllten Pilsglases einer Dortmunder Marke, über der schlicht zu lesen war: »Unser Wort zum Sonntag«. (Die Brauerei zog die Anzeige zurück.) Die strengen Werbehüter ließen allerdings Persiflagen auf Bibelverse passieren: »Agfa und Eva« oder »Ich trinke Jägermeister, weil ich nicht will, dass dieser Kelch an mir vorübergeht«; zum Glas Whisky gibt es den Spruch: »Liebe deine Gäste wie dich selbst.«
Wenn ein Reisekonzern auf seinem Katalog für die Ziele Russland, Ukraine, Baltikum eine Marien-Ikone abbildet, dann transportiert er damit Typisches der Kultur dieser Länder. Was jedoch bewirken die Anzeigen des Jeans-Produzenten Otto Kern? Auf einer sieht man zwölf Männer in Jeans mit nacktem Oberkörper entlang eines Tisches sitzen, in der Mitte eine Frau; auf einer anderen sind die Verhältnisse umgekehrt: inmitten eines Dutzends Frauen hockt ein Mann. Die Inszenierung des berühmten Abendmahls von Leonardo da Vinci ist offensichtlich – doch wird sie von der Zielgruppe (junge Menschen, die Otto-Kern-Jeans kaufen sollen) überhaupt noch erkannt? Muss man Religion deswegen viel platter ins Bild setzen, weil dezente Andeutungen nicht mehr mit vorhandenem kulturellem Wissen abgeglichen werden können?
Einen weniger offensichtlichen Weg beschreiten andere Werbemethoden. Sie bedienen sich jener Begriffe, die Religionen traditionell als ihr Eigentum betrachten: die Frage nach Sinn, erfülltem Leben, Heil, Gemeinschaft und Heimat. Unter diesen das Unterbewusstsein ansprechenden Inhalten wird geworben für Zigaretten, Versicherungen oder Deosprays. Wie das auf religiöse Menschen wir-

ken kann, beschreibt Horst Albrechts These: »Die Religiosität des Betrachters von Werbeanzeigen wird durch religiöse Symbole nicht mehr zu Gott, sondern zu einer Ware geführt. Sein Traditionsbewusstsein wird von Traditionssymbolen angesprochen und nicht mehr in der es tragenden Gemeinschaft belassen, sondern ebenfalls hin zu einer Ware gedrängt. Seine Vorstellungen von Genuss richten sich vielleicht auf ganz andere Dinge, sie werden hier aber verdrängt von dieser einen Ware. Selbstverständlich kann er sich solchen Zumutungen einer einzelnen Reklame wie dieser einen Anzeige entziehen; ob ihm das gegenüber einer ganzen von Werbung durchsättigten Kultur gelingt, bleibt eine andere Frage.«
Wir können eine gewisse Kooperation von Wirtschaft und Kirche beobachten. Im Frühjahr 2002 fand in Wittenberg eine Fachtagung des Deutschen Seminars für Tourismus statt. Marketingstrategen loteten dort aus, wie die »Premiummarke Kirche« touristische Potentiale freisetzen könne. »Die Tourismusbranche sucht neue Profitquellen«, stellt Jürgen Roth fest, »und nennt Gotteshäuser und Klöster schmeichelnd ›Highlights im Kultur- und Städtetourismus‹, und publicity- und geldhörige Gottesmänner danken es den Fremdenverkehrsgurus, indem sie eine innovative ›Angebotsgestaltung‹ bezüglich ihrer Glaubensstätten und -inhalte forcieren – mal sachte, mal forsch PR-lastig.« – »Sakralimmobilien« seien von immenser Bedeutung für die »regionale Wertschöpfung«; nötigenfalls spanne man sie bei großen Festivitäten als »Chill-Out-Zone« ein. Ein Teilnehmer des Seminars wird zitiert: »Kirche vermarkten zu wollen ist ein sensibles Geschäft«. – Die Werbestrategen sind also nicht zimperlich, sie kennen keine Scham und jedes Mittel scheint ihnen recht, wenn es um ihren Glauben geht: dass nämlich Geld die Welt zusammenhält.
Nun ist es Aufgabe der Christen, das Evangelium inmit-

ten dieser oftmals verrückten Welt zu verbreiten. Dafür müssen sie zeitgemäße Ausdrucksformen finden. Doch geben sie im Übereifer der Anpassung nicht mitunter ein lächerliches Bild ab, wenn sie sich wie eine Firma gebärden, die ein Produkt anpreist? www.jesus.de und andere Adressen im World Wide Web künden die Frohe Botschaft elektronisch. Für rund zehn Euro kann man sich jeden Tag einen frommen Spruch aufs Handy schicken lassen: »Balsam für die Seele – Mit dem neuen SMS-Segen fängt Ihr Tag gut an«.

Schon seit Jahrzehnten haben die christlichen Kirchen im Fernsehen mit dem »Wort zum Sonntag« ihren Auftritt: Fünf Minuten Predigt zwischen Tagesthemen und Spielfilm. Kein Wunder, dass böse Zungen behaupten, die Wasserwerke könnten zu dieser Sendezeit einen erhöhten Verbrauch feststellen: die Zuschauer würden die Zeit für ein urmenschliches Bedürfnis nutzen. Andere betrachten es philosophisch: Gott sei nicht tot, wie Nietzsche behauptet, sondern bloß beim Wort zum Sonntag eingeschlafen.

Ob er sich wenigstens über Filme amüsiert, in denen seine treuen Dienerinnen und Diener als Protagonisten agieren? Serien mit frommen Helden haben sich als erstaunlich einschaltquotenträchtig erwiesen und erleben deswegen immer wieder neue Variationen. An Guareschis »Don Camillo und Peppone« oder Chestertons »Pater Brown« kommt zwar keine nur annähernd heran, doch im Zeitalter des Fast Food gibt man sich auch mit Fast Faith zufrieden. »O Gott, Herr Pfarrer«, »Mit Leib und Seele«, »Wie gut, dass es Maria gibt«, »Um Himmels willen« oder »Der kleine Mönch« – gemein ist allen der Wunsch nach Statusnivellierung. Pfarrer, Priester, Nonne, Mönch – die Botschaft lautet, dass diese Menschen eben auch Menschen sind. »Der Fernsehmönch lebt nicht aus übernatürlicher Berufung, sondern aus seiner Beziehung zu den Menschen. Er handelt als Mensch unter Menschen, der seine Wurzeln in der Welt hat und in dessen innerem Leben sich das Private und Persönliche eines normalen Menschen zeigen. In der unterhaltsamen Darbietung lösen sich dabei religiöse Fragestellungen von den theologischen Inhalten und Hintergründen. Die Theologie hat im geistlichen Serienalltag ihre Rolle als Interpretin des Glaubens verloren«, beobachtet Elisabeth Hurth. Die Fernsehumstände bedingten eben, dass die übliche Klischee-Heldenausstattung der Figur letztlich keine schmerzhafte Auseinandersetzung mit der Wirklichkeit zulasse. Die Nonne Lotte beispielsweise »löst alle Fälle und erleidet keine Niederlage. Das gehört zum Gesetz der Serie, betont Drehbuchautor Michael Baier. Anders ›als im wirklichen Leben‹, so Baier, ›wo die Probleme meist unlösbar bleiben und die Schicksale oft unausweichlich ablaufen, gehen im Fernsehen die Geschichten doch immer gut aus‹. Mit solchen TV-Happy-Ends wird die Serie zum Spiegelbild der menschlichen Sehnsucht nach einer sinnerfüllt geordneten Welt und der Hoffnung, dass das Gute am Ende den Sieg davonträgt.«

Das ganze Medium Fernsehen an sich ist auf solche Trivialität ausgerichtet. Tom Peuckert beschreibt es sogar treffend als moderne, menschheitsverbindende Religion: »Die Welt schaut gemeinsam fern. In Metropolen und Einöden, in Nord und Süd vereint uns die Hingabe an eine aus elektronischen Blickpunkten geschaffene Sekundär-Welt. Soviel wirkliche Gattungskonformität produzierte zuletzt die Religion.« Was in der Glosse eher unterhaltsam zum schmunzelnden Nachdenken anregen soll, bekräftigt der amerikanische Medienforscher George Gerbner ohne zu grinsen: »Ich bin zu dem Schluss gekommen, dass man das Fernsehen am besten versteht, wenn man es als ein Ritual begreift, im Grunde genommen als eine universale Religion, die drauf und dran ist,

Zuschauer mit zunächst höchst unterschiedlichen Ansichten in ihren Meinungsstrom zu absorbieren. (...) Die Rituale, die sich besonders häufig wiederholen, tendieren wie in jeder Religion dazu, in unser Weltbild aufgenommen zu werden; sie führen zu grundlegenden Annahmen, die wir uns über Gott und die Welt zurechtlegen.« Ausgeglichener, wenn auch in der Summe nicht weniger bedeutend, das Urteil des Soziologen Wolf-Rüdiger Schmidt. Elektronische Medien sind für ihn »ganz gewiss ein wachsendes Element weltlicher Vergewisserung, ein Medium der Rückverzauberung in eine Welt, deren einst sakraler Charakter philosophisch und theologisch wegdefiniert, ökonomisch verödet, technisch weithin zerstört zu sein scheint. Aber neben der Rückverzauberung sind die elektronischen Medien auch eine Durchgangsstelle der Entzauberung, ja sie sind das Medium struktureller Entheiligung. Nichts bleibt von ihnen verschont, nichts entzieht sich ihrer Durchmischung. Sie erfüllen die Erwartung des Überschreitens, Transzendierens, des Tröstens und Anregens, des Öffnens und Entäußerns im konkreten Vollzug. Und das ist nicht wenig. Aber sie sind zugleich Medium der Entzauberung, der Enthüllung, der Zerstörung des Geheimnisvollen.«
Unabhängig von einer philosophisch-theologischen Einschätzung dieser Kritik kann doch nach soziologischen Gesichtspunkten wertneutral festgestellt werden, dass den Medien Aufgaben zugefallen sind, die früher von religiösen Institutionen wahrgenommen wurden. Hans-Joachim Dörger: »Das Fernsehen organisiert zunächst das Dabeisein, in der absehbar zunehmenden Flut der Bilder und Wörter verliert die einzelne Sendung ihr spezifisches Gewicht. Das Medium hat Funktionen übernommen, die früher einmal Kirchenglocken und kirchliche Feiern inne hatten: Tages- und Lebensläufe zu ritualisieren.« Der US-amerikanische Medienwissenschaftler Neil

Postman hat in seinem Standardwerk »Wir amüsieren uns zu Tode« dargelegt, die Crux bestehe darin, dass das Fernsehen restlos alles als Unterhaltung anbiete. Er wettert: »Weitgehend ohne Protest und ohne dass die Öffentlichkeit auch nur Notiz davon genommen hätte, haben sich Politik, Religion, Nachrichten, Sport, Erziehungswesen und Wirtschaft in kongeniale Anhängsel des Showbusiness verwandelt.« In der Tat, Religion muss mitten zwischen den anderen »Anbietern« von Informationen um Aufmerksamkeit buhlen. Die besten Chancen wahrgenommen zu werden hat sie, wenn sie Skurriles, Normabweichendes, Empörendes, Extravagantes zu bieten hat.
Auf Verkündigungssendungen haben die Kirchen durch entsprechend bestückte Redaktionen in den Rundfunkanstalten Einfluss; auf die Pfarrer-und-Nonnen-Serien nur bedingt. Doch dürfen sie sich sicher sein, dass dort das Religiöse, wenn auch in seiner Komplexität nicht angemessen, so doch kaum negativ dargestellt werden dürfte: Ein pädophiler Serienpriester käme nicht gut an, ebensowenig ein vergeistigter Langweiler, ein Bürokrat, Glaubenszweifler oder Melancholiker. Erst Extreme machen fernsehtauglich: Jemand muss kompetent, grausam, extravagant, wenigstens witzig-schusselig sein, um Aufmerksamkeit auf sich ziehen zu können. Da fallen die meisten realen Kleriker (wie alle anderen Zeitgenossen auch) durchs Raster.
Keinen direkten, nur einen generellen gesellschaftlichen Einfluss können die organisierten Religionen auf die allgemeine Berichterstattung beispielsweise der Nachrichten geltend machen. Doch gerade diese kurzen, täglichen Sendungen, die durch qualitative Kompetenz hohe Akzeptanz genießen, transportieren en passant Informationen und Stimmungen, auch zu religiösen Fragen. Mitte der neunziger Jahre führte ich eine religionswissenschaftliche Forschungsarbeit zum Thema »Religion in den

Nachrichten der Tagesschau und der heute-Sendung« durch. Überschrift: »Zwischen Illustration und Manipulation«. Unter den Ergebnissen fiel auf, dass sich Tagesschau und heute-Sendung bei der Präsentation des Themas Religion in den Nachrichten nicht statistisch relevant unterscheiden. Eventuelle Vorurteile, das ZDF sei kirchenhörig und die ARD betont kritisch, ließen sich nicht erhärten. Ein Jahr lang wertete ich die Hauptausgaben um 20 bzw. 19 Uhr aus und zählte durchschnittlich elf Religion tangierende Meldungen in der Woche pro Sender. Davon brachten aber drei Viertel Religion nur indirekt ins Spiel, d.h. eigentlich drehte es sich um Kriege, Länderberichte, politische Verhandlungen, Festtage, etc. Es wurden jedoch Konfessionen als Konfliktparteien benannt, Kirchenvertreter interviewt, religiöses Brauchtum ins Bild gesetzt. Andererseits zeigte das Ergebnis, dass immerhin ein Viertel der Meldungen das Thema Religion direkt zum Inhalt hatten, etwa drei pro Woche und Sender. Da ging es um den kranken Papst, die Eröffnung der Aktion »Brot für die Welt«, die Einweihung eines buddhistischen Tempels in Düsseldorf oder die Stellungnahme der Evangelischen Kirche zum »Fall Stolpe«.

Islam und Judentum erfuhren Erwähnung fast ausschließlich über das Thema Gewalt: über Terroranschläge und Kriegshandlungen, mal als Opfer, mal als Täter. Bei christlichen Themen kommt der Katholizismus ein wenig häufiger als der Protestantismus vor. Da mag es einen Zusammenhang mit der Bilderfreundlichkeit der katholischen Religion geben, die mit ihren sinnfälligen Riten und Zeichen telegener ist: Es lohnt sich, Kardinäle und Bischöfe im Bild zu zeigen, sie bringen Farben und Formen. Ein evangelischer Präses im grauen Anzug macht nichts her! So kommt die katholische Kirche oft in den Genuss einer Filmberichterstattung, wohingegen die Verlautbarungen der EKD als Sprechermeldung veröffent-

licht werden. Dabei bevorzugte – ohne gravierende Auffälligkeit allerdings – die ARD appellative und sachinformierende Meldungen, das ZDF illustrative Kalendernachrichten aus der Welt des Kirchenjahres.
In den Nachrichten beider Sender fanden sich auch eine Reihe religiös geprägter Idiome, Metaphern, Vergleiche, Anspielungen: mal kamen sie von den Redakteuren oder Korrespondenten selbst, mal von Kommentatoren oder befragten Persönlichkeiten des öffentlichen Lebens. Bei manchen Wörtern oder Redewendungen ist die religiöse Wurzel kaum noch erkennbar; der eine Ausdruck ist direkt der kirchlichen Sprache entnommen, der andere wird unbedacht verwendet, wahrscheinlich ohne Wissen der Benutzer um den religiösen Hintergrund. Nehmen wir beispielsweise jenen Begriff, der traditionell nach abendländischer Vorstellung Religion konstituiert: Gott. Minister versprechen vor laufenden Kameras im Bundestag, sie wollten ihre Amtspflichten treu erfüllen: »So wahr mir Gott helfe!« US-Präsidenten bemühen gerne Gott, wünschen ihrem Volke »Gott schütze Amerika!« Doch Gott lässt sich noch in andere Bezüge einbauen: »Gott sei Dank« jubelt der Kanzler, »leider Gottes« klagt der Kommentator (ist nämlich die Justiz nicht vollkommen). »Um Gottes willen« gar möchte der Auslandsreporter die europäische Währungsunion nicht der Politik, sondern dem Markt überlassen. Und wenn dann vom deutschen Sängerfest berichtet wird, hört kaum noch jemand, dass den offenen Kehlen ausgerechnet »Wem Gott will rechte Gunst erweisen« entströmt ...
Das moderne Pantheon erhebt Marilyn Monroe zur »Göttin der Leinwand«, bei Greta Garbo kann sogar auf diese Eingrenzung verzichtet werden, sie ist schlichtweg »die Göttliche«. An anderer Stelle wird den beiden Damen allerdings nur der Rang eines »Mythos« zuerkannt, den sie sich ausgerechnet mit der GSG 9 teilen müssen. Anleihen

an den antiken Götterhimmel sind beispielsweise die Charakterisierung von Marlene Dietrich als »blonder Venus« oder die Formulierung, »Glücksgöttin Fortuna« habe den Spielgeräteherstellern ihre Gunst entzogen. Sinnigerweise heißt ja auch der Raumgleiter der europäischen Weltallforschung »Hermes«. Selbst eine philosophische Weisheit des Altertums lässt sich persiflieren, wenn es im Sommer heißt, »vor die Badefreuden haben die Götter den Stau gesetzt«. Die heute-Sendung bemühte sich, als das Wetter noch Teil der Nachrichten war, um möglichst sinnige oder heitere Überleitungen. Kostproben: »Petrus will Schnee und Sonne schicken«. Oder: »Gib auf Aegidiustag wohl Acht, er sagt dir, was der Monat macht.« Claus Seibel zitierte einmal aus dem Buch Hosea (8,7) »Wer Wind sät, wird Sturm ernten« – und kennzeichnete das als »Volksmund« ... Biblische Themen kommen in mehreren Zusammenhängen vor. Die Flucht der Zivilbevölkerung in Bürgerkriegen wird öfter als »Exodus« bezeichnet, Schreckensnachrichten als »Hiobsbotschaft«: Gehaltsminderungen bei der Lufthansa und der Kurssturz bei den Aktien der deutschen Autoindustrie ... Eine Hungerkatastrophe in Afrika hat, dem Korrespondenten zufolge, »apokalyptische Ausmaße«. Burkhard Hirsch bedauerte, dass Erich Honecker vom weltlichen Gericht letztlich freigesprochen wurde, tröstete sich aber damit, er werde doch »vor einen höheren Richter« kommen. Der Roboter, den Wissenschaftler in einen brodelnden Vulkan schickten, hatte doch glatt ein »Himmelfahrtskommando« zu bestehen (in der Tat ging die Aktion daneben, ob der Apparat aber in den Himmel gekommen ist, bleibt offen). Bei der Abstimmung zum Amtsenthebungsverfahren des brasilianischen Präsidenten Collor de Mello wurde sogar ein echter Bibelvers aus dem Johannes-Evangelium zitiert: »Die Wahrheit wird euch frei machen«; am Rande bemerkt: der Präsident wurde abgesetzt.

Auch die Kirchen dienen als Stichwortgeber für metaphorische Anspielungen: Der Deutsche Umwelttag in Frankfurt am Main wird als »Grüner Kirchentag« apostrophiert. Fraktionsvorsitzende meinen, »Dogmen« dürfe es in der SPD nicht geben. Die IG Medien sei keine »heilige Inquisition«, fühlte sich der ehemalige Gewerkschaftsvorsitzende Hensche bemüßigt festzustellen, als seine Mitglieder die Abberufung von DGB-Chef Meyer forderten. Ein bizarres Bild gebrauchte einst der Reporter, der vor den geschlossenen Türen der FDP-Fraktion ausharrte, die drinnen über die Nachfolge von Außenminister Genscher debattierte: Es sei »wie beim Konklave in Rom«.

Mit den religiös getränkten Ausdrücken könnte man einen ganzen Gottesdienst bestreiten: ein verstorbener Fernsehmacher hatte das Kulturmagazin Aspekte »aus der Taufe gehoben«. Dass Ex-Bundeskanzler Kohl einst Gespräche mit der SPD-Opposition aufnehmen wollte, wurde als »Osterbotschaft« angepriesen. Bundespräsident i.R. Weizsäcker stellte fest, man könne nicht der Dritten Welt Geburtenkontrolle »predigen« und meinen, damit sei das Problem gelöst. Schließlich ließ sich der Kanzler seinen Sparkurs »absegnen«. Der Glaube aber, Politik könne alles leisten, wird im heute-Kommentar als »Aberglauben« entlarvt. Dabei mühen sich die Verantwortlichen in der Politik doch so sehr, scheuen kein »Tabu« – vor allem, wenn es ums Sparen geht. Politik darf gewisse Grenzen nicht überschreiten. So stand in Dänemark in Bezug auf den Maastricht-Vertrag alles auf dem Spiel, »was den Dänen heilig ist«.

Mit religiös gefärbten Vokabeln werden Menschen in besonderen Situationen beschrieben. Ein politischer Feind soll kein »Märtyrer« werden. Ein Führer der Fundamentalisten erhält das Prädikat »charismatisch«. Und beeindruckend findet die Redakteurin »das Prophetische im

Werk« von Joseph Beuys. Die alljährliche Schmuckmesse hat auch etwas für Männer zu bieten. Das wird mit einer so altbackenen Floskel angekündigt, dass es schnell durchs Ohr rasselt. Wem wird da schon bewusst, dass ganze Theologien in der hingeschriebenen Wörterkombination »für die Herren der Schöpfung« stecken ...

Die Resultate mögen überraschen. Dennoch lässt sich für Deutschland feststellen: Religion zeigt sich im öffentlichen Leben zunehmend defensiv. Positiv gewendet, können wir einen seriösen Umgang mit heikler Thematik attestieren. Jenseits des Atlantik geht man anders damit um. Stefan Herkt fragt, ob wir uns vorstellen könnten, dass ein deutscher Spitzenpolitiker »Jesus als seinen Lieblingsphilosophen bezeichnet (Bush), sich bei politischen Entscheidungen fragt, was Jesus tun würde (Gore), ›born-again‹ ist (beide, ebenso wie ca. 45% der Bewohner der USA) oder in einer Rede in sechs aufeinanderfolgenden Sätzen neunmal das Wort ›Gott‹ gebraucht (Liebermann)?« Religiöse Bekenntnisse gelten drüben als wahlentscheidend, denn 48 Prozent der Wähler würden keinen atheistischen Präsidenten wählen – 11 Prozentpunkte mehr als beim K.O.-Kriterium Schwulsein.

Kein Wunder also, dass man im Land der unbegrenzten Unmöglichkeiten mehr Erfahrung mit der »Electronic Church« aufweisen kann. Die Amerikaner ziehen das Verhältnis von Religion und Fernsehen professioneller auf; ihre Kirchenprogramme sind Shows, denen es an nichts fehlt: bombastisches Bühnenbild, fetzige Musik mit Band und Chor, der Prediger als Stimmungskanone. Die Regie blendet mal dessen gramverzerrtes Gesicht ein, wenn er vor den Übeln der Welt warnt, mal die Tränen einer neubekehrten Frau in Großaufnahme. Und es wird auch nicht vergessen, zwischendurch die Spendennummer einzublenden: Kreditkarten werden akzeptiert. Das ist Unterhaltung, wie sie der moderne Konsummensch wünscht: seicht und verdaulich. Man kann vor der Mattscheibe zuhören, im Sessel sitzend mit einer Dose Bier und einer Tüte Chips in der Hand. Man kann aber auch die Zeit nutzen und währenddessen die Bügelwäsche erledigen, streiten, stricken oder staubsaugen: das Wichtige wird ohnehin mehrmals wiederholt. Die Gemeinde wird zum Publikum degradiert, liturgische Antworten durch Applaus ersetzt. Und sollte er ausbleiben, spielt man ihn vom Band ein.

Im Vergleich dazu machen sich die Gottesdienstübertragungen im deutschen Fernsehen anachronistisch aus, brav und bieder. Beate Gilles hat eine liturgie-theologische Untersuchung zur Übertragung angestellt und kommt zu dem positiven Schluss, diese Form komme der neuen Religiosität entgegen, er könne »als *die* explizite kirchliche Ausdrucksform innerhalb der medialen Öffentlichkeit einen besonderen Stellenwert einnehmen, weil er einen Zugang zur spezifisch kirchlichen Feierform ohne ›Schwellenangst‹ bietet.« – Welch ein Optimismus! (Da fällt mir gerade ein: ist ein Segen via Bildröhre eigentlich gültig?)

Immerhin war die Empörung im Frühjahr 2002 groß, als man Tonbandmitschnitte aus dem Jahr 1972 veröffentlichte, auf denen man Präsident Nixon und die Bildschirmikone Billy Graham miteinander über das Wohl des Landes sprechen hören konnte. Der Reverend, den man auch als »Papst des protestantischen Amerikas« bezeichnete, hetzte damals unsäglich über die Juden und giftete, sie besäßen zu viel Einfluss. Nicht Graham allein besitzt eine solche antisemitische Einstellung, auch TV-Prediger Jerry Falwell (der schon durch saftige Pornoskandale von sich reden machte) wusste 1999, der Antichrist sei jüdisch und arbeite in den Medien. Er entschuldigte sich (was blieb ihm übrig?) und wurde klüger: »Als er nach dem 11. September sagte, die USA seien selbst schuld an den Anschlägen, denn schließlich gebe es ja zu viele Homosexuelle, Liberale und Feministinnen, da ließ er die Juden lieber weg« (Eva Schweitzer).

Religion und Medien. Ein nicht umkompliziertes Paar. Weil sich beide so ähnlich sind; sie lieben die Macht. Doch Religion ist mehr. Religionen wollen Wege zum großen Mysterium des Lebens sein, zur Antwort auf die Frage nach dem Sinn, zu dem, den wir Gott nennen. Diese Wege sind selten romantische Straßen oder gar Autobahnen, auf denen man fix voran kommt, eher schmale und unbequeme Gebirgspfade. Und das gemeinste: Religionen geleiten einen nur bis zu jener Grenze, die jeder allein überschreiten muss und über die wir niemanden begleiten können. Wer Gott ist, wird aber erst dahinter wirklich klar.

Die Tochter meiner Freundin Christel war noch ein Kind, als sie aus der Schule heimkam. Von der Mutter gefragt, was sie denn heute gelernt habe, antwortete das Mädchen: »Etwas über Gott.«

Ach ja. Und was?

Das Kind fand nicht die rechten Worte. Schließlich fiel ihr nur noch ein: »Irgendwas aus der Küche ...«

Die staunende Mutter führte ihre Tochter in die Küche. Das Kind fand schnell, was es gesucht hatte und zeigte darauf: »Da, der Schöpfer!«

– Das nenne ich mal eine Theologie, eine handfeste, leicht verständliche Lehre von Gott. Wer weiß, welche Bilder im Kopf des Kindes herumspukten? Vielleicht eine unendlich große Kelle (emailliert oder Edelstahl?), die aus der Ursuppe der Welt die Erde schöpft ...? Immerhin bliebe mit dieser Phantasie haften, dass das Wort »Gott« etwas Großes bezeichnet, etwas Außergewöhnliches, Unvergleichliches. Der jüdische Religionsphilosoph Martin Buber apostrophierte die Vokabel Gott einst als »das beladenste aller Menschenwörter«. Lieb sei Gott und gerecht, heißt es, er wirke im Dunkeln und offenbare sich, sei mit den Seinen, strafe die Bösen und bleibe ewig.

Die Fachleute, die dem Volke (und wahrscheinlich Gott selbst) erklären, wie, wer, was und wo Gott ist, haben im Laufe der langen Zeit das Mysterium nicht unbedingt erhellt. Erasmus von Rotterdam (1466–1536), großer Humanist und Theologe, formulierte seine Kritik an der Branche so treffend, dass sie noch heute aktuell scheint: »Selbst ich muss bisweilen darüber lachen, dass sich die Theologen erst dann als vollkommen betrachten, wenn sie in ihrem garstigen Kauderwelsch so konfuses Zeug zusammen reden, dass sie höchstens noch ein Verrückter verstehen kann; denn was der Menge unverständlich ist, halten sie für den Gipfel des Scharfsinns.«

Der schwedische Schriftsteller Willy Kyrklund bringt die Gefahr, Gott definieren zu wollen, auf den Punkt. In seinem Buch »Vom Guten« beschreibt er, wie er eines Abends im Mai ganz unverhofft von Gott zum Tee eingeladen wurde. »Ich fand mich selbstverständlich sehr geehrt und fand mich pünktlich ein. Gott hatte bei der Gelegenheit die Gestalt eines Krokodils angenommen. Ich erdreistete mich zu fragen, warum, und Gott antwortete: ›Weil das deiner Auffassung von mir am besten entspricht.‹« Während dieses netten Plausches – ein »konventioneller« Engel serviert Tee mit Minze und ein Glas libanesischen Raki – bekennt Gott: »Die Situation ist zweifellos komisch. In zweitausend Jahren habe ich kein einziges Interview bewilligt. Verzweifelte Menschen zu Tausenden und Millionen – viele wirklich erschütternde Fälle – haben mich angefleht um ein einziges kleines Wort, doch ich habe geschwiegen. Eine Unzahl von Scharlatanen hat mit mehr oder weniger Erfolg von sich behauptet, mit mir oder einem mir Nahestehenden Kontakt gehabt zu haben. Geschwätz. Aber ich habe sie gewähren lassen.« – Im heiteren Gewand will Kyrklund doch Ernstes transportieren: Gott ist nicht zu fassen. Oder, wie es Christian Morgenstern einmal formulierte:

»Gott wäre etwas gar Erbärmliches, wenn er sich in einem Menschenkopf fassen ließe.«
Doch gerade dieses Unfassbare scheint schwer auszuhalten. Die Masse strebt – wie nach dem starken Mann – nach einfachen Lösungen und klaren Verhältnissen. Da gibt es für jede Frage nur eine Antwort und schon gar keine offenen Fragen. Allerdings schafft die Systematisierung immer wieder neue Ausnahmen, und Ausnahmen sind Problemfälle. Wer in Glaubenssachen den Verstand befrage, kriege unchristliche Antworten, meinte einmal Wilhelm Busch. Und Werner Mitsch bemerkte trocken, die meisten Gebete liefen auf eine Veränderung der Naturgesetze hinaus. Umgekehrt sah Karl Kraus im Blitzableiter auf dem Kirchturm scharfsinnig ein Misstrauensvotum gegen den »lieben« Gott und Anton Tschechow nannte es Unglaube, an einer Bittprozession um Regen ohne Schirm teilzunehmen. Demgegenüber drehte ein mir bekannter bekennender Atheist auf der Fahrt in den Urlaub um, weil er daheim das Maskottchen vergessen hatte ...
Dass die Theologie anthropologisch daher kommt, liegt auf der Hand: Schon für Xenophanes, einem Weisheitslehrer des fünften vorchristlichen Jahrhunderts, stand fest: »Wenn Ochsen und Löwen Hände hätten oder vielmehr malen könnten mit ihren Händen und Kunstwerke herstellen wie die Menschen, dann würden Pferde pferdeähnlich, Ochsen ochsenähnlich der Götter Gestalt malen und solche Körper bilden, wie jeder selbst gestaltet ist.« Friedrich Hebbel drückte den gleichen Gedanken knapper aus: »›Wie gütig ist Gott. Er schuf den Menschen, damit ich mich ernähren kann‹, sagte ein Bandwurm.« Und ein Bursche aus Berlin, der zur Kur in ein von Schwestern geleitetes Heim nach Münster kam, gab auf die Frage der Mutter Oberin nach einem Waldspaziergang: »Was ist das? Es springt von Ast zu Ast und hat einen buschigen

Schwanz?« die Antwort: »Zu Hause würde ick ja sagen, das ist ein Eichhörnchen. Aber wie ick den Laden hier kenne, war das bestimmt mal wieder das liebe Jesulein!«

»Gott sei Dank bin ich Atheist«, bekannte schalkhaft der spanische Regisseur Luis Buñuel. Nicht Gott interessiere ihn, erklärte er einmal, sondern das Geheimnis um Gott. Für einfache Gläubige geht es da gar nicht so geheimnisvoll zu. Gott hat doch gesprochen, durch Religionsstifter und Propheten. Das wurde aufgeschrieben und nun braucht man nur noch die Heiligen Schriften zur Hand nehmen, voilà, schon steht einem Gottes Meinung zur Verfügung. Die Zweifler aber stehen parat: ein Buch allein beweise noch nichts. Man verlangt nach einem Unterpfand: Ein kleines Wunder vielleicht oder eine private Offenbarung. Woody Allen wünscht sich ganz bescheiden: »Wenn mir Gott nur ein klares Zeichen geben könnte! Etwa eine große Einlage zu meinen Gunsten auf einer Schweizer Bank.«

So spricht der Zyniker. Was aber macht der ernsthafte Sucher? Kann er in dieser Welt Spuren dessen finden, der per definitionem mehr ist als das, was wir zu hören, sehen, riechen, wiegen oder messen vermögen?

Der rumänische Philosoph Emile Cioran, der die meiste Zeit seines Lebens in Paris lebte, gilt als ein herausragender Nihilist, präziser Beobachter und scharfzüngiger Kommentator des grotesken Stückes »Leben«. Sein Vater war in Bukarest orthodoxer Pope gewesen. Cioran jedoch konvertierte früh zum Unglauben, ohne allerdings die Gottesfrage loszuwerden. Einmal seufzte er der Wein habe mehr dazu beigetragen, die Menschen Gott anzunähern als die Theologie. Ein anderes Mal: »Wenn wir Bach hören, sehen wir Gott aufkeimen, sein Werk ist gottheitsgebärend. Nach einem Oratorium, einer Kantate oder Passion muss er existieren. Sonst wäre das gesamte Werk des Kantors nur eine herzzerreißende Illusion.«

Der Grieche Protagoras lebte vor zweieinhalb Jahrtausenden und beschied: »Von den Göttern weiß ich nichts, weder, dass es solche gibt, noch dass es keine gibt. Denn viele Hindernisse versperren uns diese Erkenntnis, die Unklarheit der Sache und die Kürze des menschlichen Lebens.« Hätten alle so gedacht wie er, wieviele Kriege wären der Menschheit erspart geblieben. Doch wie vieler kultureller Perlen wären wir auch verlustig gegangen?

Gott? Kaum ein anderes Thema, das seine Aktualität so lange halten konnte.

Gekritzel in der S-Bahn von Berlin: »Gott ist tot. Nietzsche.«

Darunter: »Nietzsche ist tot. Gott.«

Never ending story. Sie liegt in unserer Konstitution begründet.

Weiterführende Literatur

Abraham a Sancta Clara: Etwas für alle. Kurze Beschreibung allerlei Stands-, Amts- und Gewerbspersonen. München 1960

Arens, Roman: Der Duft von Weihrauch und Frittiertem. In: Frankfurter Rundschau vom 30.3.2002

ders.: Der Duft der heilen Welt. In: Frankfurter Rundschau vom 15.6.2002

Arnim, Achim von / Brentano, Clemens (Hg.): Des Knaben Wunderhorn. Alte deutsche Lieder. München o. J.

Balzac, Honoré de: Pathologie des Soziallebens. Herausgegeben von Edgar Pankow. Aus dem Französischen übertragen von Christiana Goldmann. Leipzig 2002

Becker, Jürgen / Stankowski, Martin: Biotop für Bekloppte. Köln 1992

Beer, Roland (Hg.): Bestrafte Neugier. Anekdoten und Schwänke aus dem Orient. Aus dem Persischen übersetzt von Johannes Hertel und Georg L. Leszczynski. Leipzig/ Weimar 1979

Bolte, Petra: Übergangsriten. In: Hubert Cancik, Burkhard Gladigow, Karl-Heinz Kohl (Hg.): Handbuch religionswissenschaftlicher Grundbegriffe, Band V. Stuttgart 2001

Boswell, James: Journal. Ausgewählt, übersetzt und herausgegeben von Helmut Winter. Stuttgart 1996

Bukowski, Charles: Das Schlimmste kommt noch. München 1982

Bukowski, Peter: Humor in der Seelsorge. Eine Animation. Wuppertal und Neukirchen-Vluyn 2001

Busch, Wilhelm: Der Vogel, scheint mir, hat Humor. Gedichte und Bilder. Eine Auswahl. Gütersloh o. J.

Cioran, E.M.: Von Tränen und von Heiligen. Aus dem Französischen übersetzt von Verena von der Heyden-Rynsch. Frankfurt am Main 1988

Cone, James H.: Gott der Befreier. Eine Kritik der weißen Theologie. Stuttgart 1982

D'Orta, Marcello: Gott hat uns alle gratis erschaffen. Neue Schulaufsätze neapolitanischer Kinder. Aus dem Italienischen von Linde Birk. Zürich 1993

Denger, Fred: Der Große Boss. Das Alte Testament. Unverschämt fromm neu erzählt. Frankfurt am Main 1984

Evers, Georg: Land der Mönche. Der Buddhismus in Thailand im gesellschaftlichen Wandel. In: Herder Korrespondenz 5/2002

Fincke, Andreas: Positiv besetzte Familientradition. In: Herder Korrespondenz 7/2002

Friedell, Egon: Kultur ist Reichtum an Problemen. Extrakt eines Lebens, gezogen und vorgesetzt von Heribert Illig. Zürich 1989

Gilles, Beate: Durch das Auge der Kamera. Münster 2000

Golzio, Karl-Heinz: Der Kaufmann, der eine bessere Predigt forderte. Lesebuch zum Buddhismus. Düsseldorf 1995

Henscheid, Eckhard: Welche Tiere und warum das Himmelreich erlangen können. Neue theologische Studien. Stuttgart 1995

Herkt, Stefan: In God We Trust. Die Rolle der Religion im US-amerikanischen Wahlkampf 2000. In: MIZ, Materialien und Informationen zur Zeit. Politisches Magazin für Konfessionslose und Atheisten 1/02

Hewig, Anneliese: Humor, der im Ewigen wurzelt. Wien 1973

Horatczuk, Michael: Hier lacht der Aszet. Wien 1956

Hurth, Elisabeth: Lotte löst alle Fälle. In: Herder Korrespondenz 4/2002

Janowski, Hans-Norbert (Hg.): Die kanalisierte Botschaft. Religion in den Medien – Medienreligion. Gütersloh 1987

Joyce, James: Ulysses. Übersetzt von Hans Wollschläger. Frankfurt am Main 1996

Kehrer, Günter: Noch glaube ich daran: der Mensch kann lernen. In: Karlheinz Deschner (Hg.): Woran ich glaube. Gütersloh 1990

Kienle, Dela: Roben für die Ewigkeit. In: Frankfurter Rundschau vom 30.3.2002

Kierkegaard, Sören: Christ aus Leidenschaft. Eine Auswahl aus dem Gesamtwerk. Herausgegeben, übersetzt und eingeleitet von Daniel Hoffmann. Berlin 1962

Knoblauch, Hubert: Populäre Religion. Markt, Medien und die Popularisierung der Religion. In: Zeitschrift für Religionswissenschaft 00/2

Köhle-Hezinger, Christel: Evangelisch – Katholisch. Untersuchungen zu konfessionellem Vorurteil und Konflikt im 19. und 20. Jahrhundert vornehmlich am Beispiel Württembergs. Tübingen 1976

Korth, Michael: Der JuniorChef. Das Neue Testament lammfromm neu erzählt. Frankfurt am Main 1989

Kranz, Gisbert: Schmunzelkatechismus. Eine heitere Theologie. München 1978

Kraus, Karl: Aphorismen. Herausgegeben von Christian Wagenknecht. Frankfurt am Main 1986

Kreye, Adrian: In Gottes Namen. In: Süddeutsche Zeitung vom 4.4.2002

Kyrklund, Willy: Vom Guten. Aus dem Schwedischen von Angelika Gundlach. Frankfurt am Main 1991

Lagercrantz, Olof: Die Kunst des Lesens und des Schreibens. Aus dem Schwedischen von Angelika Gundlach. Frankfurt am Main 1988

Landmann, Salcia: Jüdische Witze. Olten 1962

Luther, Martin: Starke Sprüche über Weiber, Fürsten, Pfaffen undsoweiter. Ausgewählt und übersetzt von Arnulf Zitelmann. Frankfurt am Main 1982

Marx, Karl / Engels, Friedrich: Über Religion. Herausgegeben vom Institut für Marxismus-Leninismus beim ZK der SED. Berlin 1987

McCourt, Frank: Die Asche meiner Mutter. München 1997

Mello, Anthony de: Warum der Vogel singt. Geschichten für das richtige Leben. Aus dem Englischen übersetzt von Ursula Schottelius. Freiburg/Basel/Wien 1984

Miles, Jack: Gott. Eine Biographie. Aus dem Amerikanischen von Martin Pfeiffer. München 1996

Neuner, Josef / Roos, Heinrich: Der Glaube der Kirche in den Urkunden der Lehrverkündigung. Regensburg ^{11}1983

Popcorn: Im Namen des Herrn. In: Popcorn 5/2002

Postman, Neil: Wir amüsieren uns zu Tode. Urteilsbildung im Zeitalter der Unterhaltungsindustrie. Aus dem Amerikanischen übersetzt von Reinhard Kaiser. Frankfurt am Main 1988

Powys, John Cowper: Kultur als Lebenskunst. Aus dem Englischen von Susan Nurmi-Schomers und Christian Schomers. Frankfurt am Main 2001

Putz, Ulrike: Kirchliche Hochzeiten sind in China der letzte Schrei. In: Frankfurter Rundschau vom 5.4.2002

Rilke, Rainer Maria: Gesammelte Werke. Genf 1998

Robinson, John A. T.: Gott ist anders. München 1963

Roth, Jürgen: Orgel im Bauch. In: Frankfurter Rundschau vom 29.6.2002

Schaaf, Julia: Laßt uns beten, laßt uns kaufen. In: Frankfurter Allgemeine Sonntagszeitung vom 14.10.2001
Schinagl, Helmut: Sonderbarer Heiligenkalender. Innsbruck 1979
Schmidtchen, Dieter: Ökonomik der Religion. In: Zeitschrift für Religionswissenschaft 00/1
Schweitzer, Eva: Band ab. Skandalöse Evangelisten. In: Frankfurter Rundschau vom 4.4.2002
Schwikart, Georg: Amen, Kuß und Zölibat. Würzburg 2001
ders.: Jeder Tod hat sein Gelächter. Würzburg 2001
ders.: Materialbuch Advent und Weihnachten. Mainz [2]1995
ders.: Materialbuch Fastenzeit, Ostern, Pfingsten. Mainz [3]1999
ders.: Sexualität in den Weltreligionen. Gütersloh 2001
Tange, Ernst Günter: Zitatenschatz über Gott und die Welt. Frankfurt am Main 2002
Tremel, Holger (Hg.): Das Paradies im Angebot. Religiöse Elemente in der Werbung. Frankfurt am Main 1986
Tworuschka, Udo (Hg.): Himmel ist überall. Geschichten aus den Weltreligionen. Gütersloh 1985
Wordel, Rita: Psalmen op Kölsch. Köln 1975

... und noch zwei echte Schwikarts

Georg Schwikart
Amen, Kuß und Zölibat
Das ultimative Wörterbuch für Theologen und andere Unfromme

78 Seiten, gebunden
ISBN 3-429-02296-7

Georg Schwikart
Jeder Tod hat sein Gelächter
Über das Verhältnis zweier eigentümlicher Brüder

120 Seiten, gebunden
ISBN 3-429-02385-8

echter verlag

echter Verlag GmbH
Dominikanerplatz 8
97070 Würzburg
www.echter-verlag.de

Diese Bücher erhalten Sie bei Ihrem Buchhändler